MINDFULNESS PARA UMA VIDA MELHOR

EDUARDO ELIAS FARAH

MINDFULNESS PARA UMA VIDA MELHOR

SEXTANTE

editora dummar

revisão: Hermínia Totti e Tereza da Rocha

diagramação: Ana Paula Daudt Brandão

capa: Angelo Bottino

imagem de capa: Westend61/Getty Images

impressão e acabamento: Bartira Gráfica

CIP-BRASIL. CATALOGAÇÃO NA PUBLICAÇÃO
SINDICATO NACIONAL DOS EDITORES DE LIVROS, RJ

F226m Farah, Eduardo Elias
Mindfulness para uma vida melhor/ Eduardo Elias Farah; Rio de Janeiro: Sextante, 2018.
192p.; 14 x 21cm.

ISBN 978-85-431-0617-5

1. Atenção plena baseada na terapia cognitiva. 2. Meditação. 3. Inteligência emocional. I. Título.

18-49901 CDD: 158.1
CDU: 159.947

GMT Editores Ltda.
Rua Voluntários da Pátria, 45 – Gr. 1.404 – Botafogo
22270-000 – Rio de Janeiro – RJ
Tel.: (21) 2538-4100 – Fax: (21) 2286-9244
E-mail: atendimento@sextante.com.br
www.sextante.com.br

Sumário

Prefácio

por Mariana Ferrão

JORNALISTA E APRESENTADORA DE TV

Fiz meu primeiro curso de mindfulness quando estava grávida do João, meu caçula. A barriga de mais de sete meses atrapalhava a prática sentada e a todo momento eu precisava vencer o sono de gestante para permanecer acordada mesmo em um profundo estado de relaxamento.

Lembro-me de alguns dias em que pensei em desistir do curso de oito semanas, mas as aulas estavam sendo tão desafiadoras quanto valiosas!

A grande diferença entre a primeira gestação e a segunda é que você tem um filho do lado de fora. Isso significa que o silêncio, ingrediente essencial para a formação do "ninho" e também para a sobrevivência humana, fica altamente restrito.

Na primeira gravidez eu passava horas observando a barriga, sentindo o Miguel mexer; percebia onde estavam as mãozinhas e os pezinhos, ainda que não os visse embaixo da minha pele. Da segunda vez, me via grávida apenas quando me olhava no espelho ou quando ficava entalada num espaço por onde antes conseguia passar sem dificuldade, mas raramente podia parar para contemplar aquela barriga. O tempo corria, apressado e trôpego, nos pés do primeiro filho e eu corria atrás dele.

As aulas de mindfulness foram uma pausa providencial. O único momento da semana que era só meu. E, quando eu parava, finalmente percebia como a mente estava inquieta. Ela nunca chegava à aula na hora em que eu falava oi ao professor; continuava na última reunião do dia, no e-mail que precisava responder ou no restante do enxoval que precisava comprar.

Com o passar das semanas, aquele barulho interno parecia aumentar. Lembro-me do professor dizendo: "Se vocês estão com a sensação de que tudo está pior, estão no caminho certo."

A princípio aquele ensinamento era muito estranho, mas com o correr da prática fui entendendo que perceber o barulho era realmente o primeiro passo para conseguir aquietá-lo. Com o treino da meditação em casa e os exercícios durante as aulas, minha mente parecia ter menos necessidade de saltar de um pensamento a outro como um macaco assustado. Aos poucos, pude observar os espaços vazios que apareciam entre um pensamento e outro – verdadeiros oásis que cada vez se esticavam mais.

Testemunhar o comportamento da mente sem me envolver com aquilo que estava pensando se tornou um exercício instigante, gratificante, recompensador. Minha vontade de dormir passou, assim como as dores de cabeça de sono e a vontade de gritar quando me via prestes a perder a linha com as manhas do meu filho mais velho.

Como explica Eduardo Farah, dar atenção à nossa atenção é dar carinho a nós mesmos. Quando somamos a isso a intenção de permanecermos focados e a atitude necessária para encontrar uma versão cada vez melhor de nós mesmos, descobrimos o que ele chama de "verdadeiro engajamento" que vem junto com "um vigor que vai além da força física e está relacionado a energia, confiança e certeza".

Foram esse vigor e esse engajamento que me ajudaram a realizar um dos maiores sonhos: ter um filho de parto normal depois de ter passado por uma cesárea. João nasceu após uma meditação. Sem anestesia. Um parto consciente, lindo e intenso, que não teria sido possível sem minhas aulas de mindfulness.

E esse foi apenas um dos momentos incríveis que a meditação me proporcionou na vida. A lista é imensa. Ainda bem que, com este livro, você também poderá montar a sua! Aproveite a jornada!

Introdução

Este livro é fruto da minha experiência com mindfulness (atenção plena) e meditação. Mas, para você entender como cheguei até aqui, quero dividir um pouco da minha história.

Venho de uma família cheia de valores tradicionais, com todos os prós e contras dessa condição. Sempre fui uma criança agitada, irrequieta, ansiosa, no limiar do diagnóstico de transtorno do déficit de atenção com hiperatividade, o TDAH. Na escola, colecionava problemas de indisciplina e, até a oitava série, só passava "raspando" em todas as matérias.

Quando era adolescente, cansado de sofrer bullying por conta da baixa estatura, iniciei a prática de karatê, embora nunca tenha precisado usar de violência fora do dojo, o nosso espaço de treinamento. Daí aprendi a disciplina, completamente desconhecida até aquele momento.

Tornei-me um fazedor compulsivo, querendo tapar um buraco que sempre senti dentro de mim, pois, basicamente, carregava um forte sentimento de inferioridade. Fiz duas faculdades juntas, de manhã e à noite, cursando administração na Fundação Getulio Vargas (FGV) e direito na USP, além de trabalhar à tarde, treinar, tocar bateria, fazer parte de uma banda, etc. Pouco depois de formado, comecei a fazer o mestrado na FGV e abri minha empresa de consultoria.

Em 1995 tive meu primeiro contato com o autoconhecimento e com técnicas de meditação. Até então, eu não tinha noção de que funcionava no modo "piloto automático" e que muito do que eu pensava sobre mim mesmo era pura ilusão. Em 2000 entrei no doutorado e, depois de uma profunda crise motivada pela morte de um irmão querido e por uma separação, mergulhei fundo em um processo de autoconhecimento. Nesse período, minha prática meditativa era eventual, mas, em 2003, fiz minha primeira viagem à Índia com Sri Prem Baba e recebi um sādhana, que é uma prática meditativa e espiritual a ser realizada diariamente. Comecei e nunca mais parei.

Sendo professor da FGV para os cursos de MBA, e vendo os enormes benefícios que a prática trouxe para a minha vida pessoal e profissional, bem como para muitos com quem eu convivia (desde 1999, faço parte de um grande grupo de "meditação e autoconhecimento"), a partir de 2004 resolvi incluir em algumas turmas uma prática de meditação, ainda de forma tímida. Até que tomei conhecimento das experiências com mindfulness nos Estados Unidos e dos fundamentos da neurociência, e mergulhei fundo nesse universo. Fui para lá algumas vezes, estudei bastante e comecei a dar cursos específicos sobre mindfulness, além de incluir o tema em todas as minhas aulas. Junto a isso, aprendi a usar um linguajar mais científico e a refinar as técnicas e formas de ajudar os outros em diversas áreas, unindo mindfulness com tudo e para todos.

Se quiser saber mais, veja em www.invok.com.br e www.edufarah.com.br

Por que escrever um livro sobre mindfulness?

A minha experiência de vida me ensinou que a meditação/mindfulness é fundamental para a felicidade. A felicidade pode ser definida como um estado sem sofrimento – o que não significa uma vida "perfeita", sem desafios ou limitações – e conectado com aquilo que queremos da vida, o nosso propósito dentro desta grande aventura da existência. Percebo que a capacidade de aquietar a mente e estar inteiro naquilo que fazemos, obtida por meio da prática de mindfulness, é a porta para sermos felizes e para expressarmos, de verdade, o melhor que há em cada um de nós, pondo fim ao sofrimento, tanto individual quanto coletivo. As melhores decisões são aquelas tomadas no estado de presença. Os trabalhos realizados com competência, os momentos de encanto com pessoas queridas, absolutamente tudo é muito mais saboreado se vivenciado com atenção plena.

Assim, de forma resumida, os três principais objetivos deste livro são:

1. Mostrar o que é mindfulness e meditação, sua fundamentação científica básica e algumas formas de praticar (usar);
2. Mostrar a relação desse tema com diversos outros e com tudo o que permeia a nossa vida, bem como os seus impactantes benefícios;
3. Despertar engajamento nas pessoas, ou seja, que elas possam buscar, praticar e ser mais felizes.

Quando comecei a escrever sobre mindfulness, pensei em explicar como essa prática pode ser aplicada em tudo. Pretendia esgotar o tema, mas depois percebi que seria melhor tratar primeiro da parte mais teórica e seus desdobramentos em algumas áreas que funcionam como pilares da nossa existência. Este livro mostra os benefícios dessa técnica nos relacionamentos, na vida sexual e amorosa, no trabalho, na espiritualidade e no autoconhecimento. Mas já tenho um vasto material para um novo projeto, que vai abranger de forma mais profunda a interação de mindfulness e religião, profissões, educação, saúde, alimentação, esportes, etc.

E o Prem Baba?

Nascido no Brasil, Sri Prem Baba (www.sriprembaba.org) é um mestre espiritual e um líder humanitário. É fundador do movimento global Awaken Love, que tem a missão de despertar o amor nas pessoas, elevando os valores humanos, sociais e espirituais e criando uma cultura de paz. Sri Prem Baba dedica a maior parte de seu tempo a ministrar palestras, cursos e retiros no Brasil e na Índia, além de visitar comunidades que se formaram com base em seus ensinamentos em diversas cidades ao redor do mundo. Formado em psicologia, fundou o método psicoespiritual de autoconhecimento chamado Caminho do Coração, que já beneficiou milhares de pessoas através de seus diferentes cursos. É também autor de livros de grande repercussão, como *Propósito – A coragem de ser quem somos*, *Amar e ser livre: A base para uma nova sociedade*, *Transformando o sofrimento em alegria* e *Flor do dia*.

Eu o conheci em 1999 e tive a oportunidade de acompanhar parte de seu crescimento. Nessa época, eu estava passando por uma grave crise quando encontrei o terapeuta Janderson (seu nome de batismo), que me trouxe grande alento. Ele já era um ser excepcional, que ajudava a todos que o procuravam. Em 2002 um processo se completou e ele se tornou Prem Baba.

Como disse, este é um livro que mistura técnicas e ciência com as minhas experiências e percepções. Entendo que ele pode ajudar a todos, não importa seu sistema de crenças, pois nada do que é apresentado aqui tem a intenção de afirmar que um caminho é melhor do que outro, inclusive o meu. Ao mesmo tempo, me sinto honrado por tê-lo escrito a partir das inspirações e orientações de Sri Prem Baba, bem como por incluir um capítulo mais do que especial dele neste livro, que por si só já contém tudo.

Bons exemplos são bem-vindos

Como você verá, este livro aborda mindfulness e meditação de diversas formas e para diferentes públicos. Apresento alguns exemplos de pessoas e entidades que têm aplicado essas práticas de maneira muito positiva. Sei que existem muitos outros casos de uso bem-sucedido dessas técnicas. Caso você conheça algum e queira compartilhar comigo, eu agradeço previamente. Aliás, toda contribuição é bem-vinda. É só escrever para contato@invok.com.br.

Mindfulness e meditação

A palavra mindfulness, que em inglês significa algo como atenção plena, é uma qualidade ou um estado de total atenção e consciência em relação a alguma coisa. Podemos compreender o termo, dentre diversas possibilidades de significados, como a capacidade de prestar atenção, com intenção, de uma forma aberta e curiosa no momento presente, sem julgamento de qualquer natureza.

Julgamento aqui significa toda classificação e comparação mental que fazemos das pessoas e das coisas; uma apreciação crítica, uma opinião (favorável ou desfavorável) sobre alguém ou algo. Trata-se de atribuir uma qualidade - Como ele é bonito, feio, certo, errado, alto, baixo, gordo, magro, etc. - com base em referências anteriores, originadas do passado, sendo muitas vezes uma compulsão que ocupa a nossa mente, uma distração que nos impede de ver e viver o momento presente.

Julgar, neste caso, significa atravessar a linha da verdade, da realidade. "Uma pessoa não me deu um pedaço de doce" é um fato. "A pessoa foi egoísta e não me deu um pedaço do doce" é um julgamento. Quem disse que ela precisava dar? Por que necessariamente isso é um sinal de egoísmo?

Mindfulness é ir além desse julgamento, é fazer uso de toda a nossa consciência no aqui e agora, é estar consciente das experiências (dentro e fora). É não estar preso naquilo que já foi, tampouco naquilo que você quer que venha a ser, ou seja, nem no passado nem no futuro. É viver cada experiência momento a momento. É prestar atenção na sua atenção, em tudo o que está ocorrendo fora e dentro de si mesmo, no seu corpo, em seus pensamentos e em suas sensações, emoções e sentimentos.

O conceito de mindfulness, de atenção plena, está diretamente relacionado a consciência. De forma simplificada, consciência está relacionada a entendimento, a conhecimento, a experiência, a realidade. É estar ciente, com ciência. É saber o que é algo e o que fazer em relação a esse algo.

Praticar mindfulness é ampliar nossa capacidade de perceber a realidade externa - o mundo, as pessoas, as relações, as coisas, etc. - e a interna - tudo o que acontece em nós, nosso processo decisório, nossos sentimentos, nossas reações, etc. A partir daí, sem estar identificados com emoções desfavoráveis, restritivas, presos em circuitos neurais viciados - que frequentemente nos levam a atitudes negativas em várias áreas de atuação -, podemos abrir espaço para uma reflexão clara e assertiva de cada situação, o que nos levará a tomar decisões mais acertadas e escolher aquilo que será melhor para nós e também para os outros. Algo que será baseado na intenção positiva, não em reflexos condicionados e amortecidos de memórias inconscientes.

No Ocidente, o estudo da meditação teve dois marcos importantes com os trabalhos de Robert Wallace e Jon Kabat-Zinn. Wallace, em 1970, na Universidade da Califórnia, estudou a meditação a partir da análise de registros eletroencefalográficos, padrão metabólico, ritmicidade cardíaca e variação na pressão arterial. Jon Kabat-Zinn, por sua vez, teve um papel fundamental na história e no impulso de mindfulness no Ocidente, pois trouxe a sua aplicação fora de um contexto religioso, embora com inspiração na tradição zen-budista da meditação.

Como praticante antigo de meditação e então professor da Faculdade de Medicina da Universidade de Massachusetts, em 1979 Kabat-Zinn criou e aplicou um programa de oito semanas chamado Mindfulness-Based Stress Reduction (MBSR), focando pacientes do hospital que tinham, por exemplo, dor crônica e quadro de estresse, aos quais os tratamentos convencionais não haviam trazido os efeitos desejados. Esse programa teve um resultado muito positivo com os pacientes. A partir dessas evidências, outros grupos foram incluídos no programa. Sua repetição e sua ampliação foram fundamentais para a expansão do conhecimento sobre mindfulness e de sua utilização na área da saúde e em muitos outros campos.

Jon Kabat-Zinn[1] ensina sete atitudes básicas para que a prática de mindfulness realmente ocorra: 1. não julgamento: apenas testemunhar, sem julgar o que acontece; 2. paciência: aceitar que as coisas têm o seu próprio tempo; 3. mente de principiante: ter uma mente sempre aberta, percebendo cada momento como único e novo; 4. confiança: em si mesmo e em seus sentimentos; 5. não esforço: parar de querer controlar e se esforçar para tentar estar onde você acha que deveria estar; 6. aceitação: aceitar as coisas como elas são, sem negá-las, sem tensão; e 7. deixar ir: soltar os pensamentos, sem se apegar a eles, inclusive os "positivos".

Mas por que precisamos de mindfulness? Porque a nossa mente é dispersa, desacostumada a manter o foco. Uma pesquisa de Harvard,[2] por exemplo, com milhares de participantes, constatou que 46,9% das pessoas estão com a mente divagando quase metade do tempo. Se eu estou divagando, não presto atenção, o que me traz inúmeras perdas.

Talvez esse percentual seja bem maior. Entretanto, o que importa é como podemos notar que estamos divagando e o que fazer para reverter isso. Não é tão simples perceber que a mente está desfocada, pois trata-se de um processo (quase) automático, ao qual muitas vezes não prestamos atenção. Se observarmos o nosso cérebro usando equipamentos específicos, podemos ver que, no momento em que percebemos que a nossa mente está divagando, ocorre uma mudança na sua atividade.[3]

Estamos falando de mindfulness, mas, para entender melhor o seu significado, vale a pena saber o que é meditação e se existe diferença entre os dois conceitos.

Qual a diferença entre mindfulness e meditação?

A meditação pode ser descrita como uma técnica que altera o estado de consciência utilizando o foco em algo, normalmente associado com relaxamento e autoindução. Esse estado provoca uma modificação no sistema nervoso. Assim, o relaxamento e o foco induzidos pelas práticas de meditação podem gerar uma menor quantidade de neurônios ativada, bem como uma diminuição do consumo de oxigênio e da produção de dióxido de carbono. Há ainda práticas ativas, que normalmente não reduzem o consumo de oxigênio. A meditação engloba uma ampla gama de práticas. As mais conhecidas têm uma forte influência do budismo e do hinduísmo.

Não há consenso quanto à associação entre meditação e mindfulness. Alguns estudiosos dizem que são a mesma coisa, enquanto outros afirmam serem diferentes. Existem diversas definições para meditação, que vão desde uma contínua e profunda contemplação de caráter anímico ou espiritual até conotações de características primordialmente cognitivas, quase um sinônimo de reflexão. Uma interessante apresenta a meditação como uma forma de treinamento mental que visa melhorar as capacidades psicológicas básicas do indivíduo, como autorregulação da atenção e das emoções.[4] Muitas definições de mindfulness estão mais associadas à qualidade da atenção.

Podemos classificá-las em aspectos distintos, sendo mindfulness uma técnica mais voltada para o foco – desmembrando a palavra em inglês, temos o sentido da mente plenamente preenchida em algo – e a meditação, um estado de união profunda com todos e com tudo o que existe. Alguns textos falam inclusive de meditação mindfulness.

Existem preferências de alguns autores e pessoas por uma palavra ou por outra, dando a elas contornos e significados específicos. Compreendo que aqueles que, como eu, provêm do ambiente acadêmico talvez se sintam incomodados com essa postura, porque quando falamos em ciência, a clareza do significado (constructos) de cada palavra empregada é fundamental para que todos os envolvidos possam compreendê-la com exatidão. Particularmente, partilho do entendimento de que mindfulness e meditação representam a mesma essência, perfumes que exalam a mesma fragrância, pois ambas levam ao mesmo lugar, ou seja, o desenvolvimento e o próprio estado de estar aqui e agora. Para facilitar, e por ver que seus objetivos e usos são comuns, entendo e utilizo mindfulness e meditação como sinônimos.

No Ocidente, percebo que o uso da palavra mindfulness teve maior impulso – e existe um uso mais amplo desta palavra nas pesquisas sobre seus efeitos – por ser uma alternativa para designar o estado meditativo e as técnicas de foco e atenção sem associá-los a uma visão religiosa, já que a meditação é muitas vezes entendida como uma prática exclusiva de determinada religião. Entretanto, a meditação não é exclusividade de nenhuma religião. Ela está presente em todas as principais tradições religiosas, em seus diferentes formatos, mas isso não significa que quem a pratica seja ligado a qualquer religião.

Assim, entendo que mindfulness e meditação são palavras usadas tanto para explicar ou definir as técnicas de desenvolvimento da atenção e da concentração como para descrever o estado ou "estágio" que a pessoa atinge ao desenvolvê-las, algo que vai além da mente. Quando entramos efetivamente em estado meditativo, nos conectamos primeiro com nós mesmos, com nossa essência, com o "observador" que observa os pensamentos e o silêncio que se manifesta na ausência deles. Adquirimos ciência do que é real, do que está acontecendo naquele momento, sem precisar pensar a respeito, e vencemos a barreira de dualidade, separação e percepção finita que todos temos. E isso pode acontecer em diferentes níveis de profundidade.

No estado de meditação não existe confronto, como entre os inúmeros desejos discrepantes – correntes afirmativas e negativas – que coabitam a nossa psique. Somos um, somos uma unidade. É uma limitação quase intransponível tentar explicar com a mente algo que está além de seu alcance. Falo desse estado por já ter sentido o seu gosto, em alguns níveis (mas não em todos), embora ainda não viva plenamente nessa realidade.

Para esclarecer, neste livro sempre usarei as palavras mindfulness e meditação como sinônimos, referindo-me a um estado de presença, de atenção plena, sem julgamento, no momento presente, de forma aberta e intencional, ou ainda às práticas que nos treinam para chegar a esse estado.

Cultivo do silêncio

No caminho para o estado de mindfulness ganhamos vários benefícios físicos, psicológicos, profissionais, pessoais, etc., por meio da diminuição do fluxo incessante de pensamentos e do encontro e da ampliação de algo que desaprendemos a valorizar, que é o silêncio interno. Não se trata apenas de ficar quieto, pausando a fala, porque a mente pode estar ao mesmo tempo gritando através dos pensamentos compulsivos.

Estou falando de um aquietar-se e do cultivo de um silêncio interno, em que os pensamentos vão cessando. É claro que o silêncio externo contribui, pois é mais difícil manter a concentração quando existem muitos ruídos em torno de nós. Quem ainda não medita, mas já teve a oportunidade de entrar em uma caverna ou de praticar mergulho, com certeza, pôde sentir esse silêncio, que está por trás de tudo.

O silêncio é a morada de tudo o que é bom; é onde nasce tudo o que existe. Precisa ser desenvolvido, reaprendido. O estado de meditação é o seu reino e nasce do que é real, verdadeiro, onde conseguimos reconhecer todos os elementos da vida com clareza.

O QUE É ATENÇÃO E QUAIS SÃO OS SEUS IMPACTOS

Atenção é a capacidade de focar a atividade mental sobre algo ou alguém. Com ela podemos compreender o que se passa e avaliar o que fazer. A atenção é a matéria-prima do foco e do discernimento.

Existem diferentes tipos de atenção, como a voltada para o estado de alerta – em prontidão para responder a um estímulo –, para a orientação ou escolha – na seleção de informações específicas entre múltiplas possibilidades e estímulos – e para a interrupção de um processo automático.

William James, psicólogo e filósofo norte-americano, há mais de 100 anos já mostrava a importância desse tema ao afirmar que "aquilo que prende a atenção determina a ação".[5] Em outras palavras, o direcionamento do nosso foco mental influencia diretamente o que fazemos e como fazemos.

Assim, uma mente destreinada não consegue manter o foco da atenção. Ela pode ser comparada a um carro desgovernado ladeira abaixo, batendo nas coisas sem controle, sem escolha. Uma mente assim se perde facilmente, se prende a aspectos negativos, a pensamentos desnecessários, a pontos não importantes, no mínimo desperdiçando tempo e energia. Para reverter esse quadro precisamos de mindfulness, que é a própria atenção ampliada.

Uma associação comumente feita com mindfulness é que essa prática envolve três aspectos para que se manifeste: intenção – o propósito de prestar atenção; atenção – quando direcionada a algo; e atitude – compreende características positivas que vêm junto com a atenção, como compaixão, afeto, etc.[6]

Outra forma de perceber os aspectos envolvidos com mindfulness, e que ajudam a entender a importância da atenção e seus impactos, é o que chamo de **PAI**: P (percepção), A (atenção), I (intenção). Quanto mais atenção coloco em alguém ou algo, maior a minha percepção sobre o foco da minha atenção. E a minha percepção sobre algo ou alguém atrai mais atenção. Ao mesmo tempo, se amplio minha atenção e minha percepção, e as utilizo com foco em mim, tenho mais clareza das minhas razões, dos motivadores das minhas palavras, ações e até dos meus pensamentos; tenho mais facilidade de perceber minhas intenções – que, muitas vezes, são muitas e conflitantes – e escolher qual delas eu quero focar. Com intenção clara, colocamos mais atenção e percepção. Assim, a atenção alimenta a percepção, que alimenta a intenção, onde uma retroalimenta a outra.

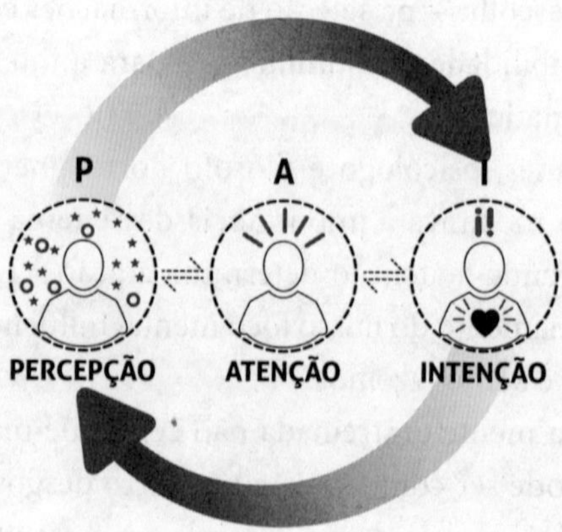

Benefícios de mindfulness

São muitos os benefícios que essa prática traz, contribuindo para nossa vida pessoal e profissional, para os relacionamentos, para a saúde e a educação, para o trabalho, enfim, para tudo.

1. Atenção, foco, clareza e o observador

Se mindfulness é a atenção ampliada, o foco é um dos seus frutos. Para testá-lo, um exercício simples é observar até que ponto conseguimos prestar atenção na nossa atenção. Quando fazemos isso, muitas vezes percebemos que a nossa atenção está distraída e inconstante. Agora mesmo, você está lendo este livro e pensando em quê? No que vai fazer em seguida, no que precisa comprar, no que pretende comer, na dívida que tem que pagar? Para onde vão seus pensamentos? Onde está a sua mente/atenção?

Perceba quanto consegue voltar sua atenção para aquilo que está fazendo, que é a leitura neste exato momento. É comum a concentração se perder em decorrência de estímulos de pensamentos, que são como vozes internas. Quem nunca leu um trecho de uma página e depois precisou reler porque não assimilou o conteúdo?

Se não estamos treinados a focar nossa atenção, ela fica dispersa. Ficamos distraídos, perdidos em devaneios e ausências. E, nesse estado, não conseguimos ter clareza e ouvir a voz do nosso íntimo, do que queremos, daquilo que precisamos e devemos fazer. Com todo esse barulho interno, também não conseguimos perceber o que acontece fora, a realidade exterior, e o que fazer a partir dela.

Assim, um dos grandes benefícios de mindfulness é despertar e desenvolver nossa capacidade de observação real, sem nos perdermos nas fantasias da mente, nas projeções, nas ideias e nas crenças. Essa prática serve para acordar o nosso observador, tanto interno – que conduz à auto-observação – quanto externo – para ver o mundo como ele é, de verdade. E, conforme percebemos a nossa capacidade de atenção crescer, começamos a valorizá-la, pois ela nos permite olhar para algo como uma experiência nova, viva e vibrante. Essa possibilidade nos traz clareza das coisas e do que precisa ser feito.

2. Mindfulness, relacionamento e inteligência emocional

Nós somos uma espécie que precisa dos outros desde que nasce. É praticamente inevitável nos relacionarmos com outras pessoas e, de alguma forma, dependermos delas. Entretanto, talvez o maior desafio do ser humano seja o de interagir com o outro sem se machucar ou ser machucado. Podemos dizer isso de outra forma: o maior desafio do ser humano é amar o outro e a si mesmo. Na prática, criamos relacionamentos – em casa e no trabalho – muitas vezes negativos, com demasiado sofrimento. Nós precisamos de relacionamentos, dependemos da interação uns com os outros. Essa dependência, porém, pode gerar um entendimento tremendamente equivocado, confundindo-se com dependência emocional, que nada tem a ver com o vínculo afirmativo legítimo de uma conexão saudável. Nesse caso, nos tornamos mendigos implorando por esmolas afetivas, sempre pedindo que alguém supra as nossas carências e os nossos medos. É horrível como podemos nos tornar pedintes à espera de que o outro nos faça feliz.

Para dar uma ideia mais precisa da importância dos relacionamentos, um estudo[7] de Harvard de longo prazo – quase 80 anos acompanhando um grupo de pessoas – mostra que a qualidade dos nossos relacionamentos íntimos determina nossa saúde e felicidade. A pesquisa revela que esses laços positivos nos protegem das dificuldades da vida, ajudam a atrasar o declínio mental e físico e são melhores indicadores de longevidade e bem-estar do que a classe social, o QI ou mesmo a genética. Ou seja, ter bons relacionamentos é fundamental para a felicidade.

A prática de mindfulness nos ajuda a focar o bom e não o ruim, a usar o potencial positivo de construção da união, a desenvolver empatia e compaixão. Essa é uma tradução possível para o uso da inteligência emocional. Adquirimos aptidão para olhar e nos colocar no lugar do outro, percebendo a história que está por trás de cada atitude ou dificuldade, e a não dar atenção a pensamentos ou vozes internas negativas.

Essa prática pode se tornar um alicerce para bons relacionamentos ao focar a atenção nas emoções positivas. Estando atentos ao momento presente, não respondemos com base em traumas ou bloqueios do passado. Não deixamos essas "vozes" fomentarem pseudomotivos para desavenças e brigas desnecessárias.

3. Engajamento, vigor, propósito e criatividade

Outro benefício que mindfulness traz é o verdadeiro engajamento, a capacidade de darmos o melhor de nós e colocarmos toda a nossa força e energia em algo que vem da consciência real daquilo que queremos. É talvez a maior força que temos. Junto com ele vem o benefício do capricho, que é fazer com atenção e primor.

O engajamento muitas vezes também vem acompanhado de um vigor que vai além da força física e está relacionado a vitalidade, energia, confiança e certeza. O vigor é um dos frutos da força de vontade e da presença.

Para mover a minha força de vontade, eu preciso manter o foco e prestar atenção naquilo que é realmente importante, ou seja, preciso saber o que de fato eu quero e qual o sentido dessa escolha. De toda a clareza que mindfulness possibilita, talvez a principal seja sobre o que eu devo fazer, o que meu íntimo pede, ou seja, a minha clareza de propósito.

E a criatividade? Veja que interessante: a criatividade é um dos resultados da prática de mindfulness, mas eu a coloco também como parte ou fruto do engajamento. Faço isso porque entendo que a criatividade é um compromisso com o nosso íntimo, com a nossa qualidade inerente de sermos inventivos e inovadores, de podermos nos conectar com a nossa essência, o melhor de nós, que sempre tem boas e criativas respostas para as coisas.

A maior barreira à criatividade é o medo de errar, de sair fora de um formato que estabelecemos e que foi fortemente influenciado pelo meio em que nascemos e vivemos até hoje. Temos medo de sair daquele quartinho conhecido e nos arriscarmos. Também carregamos ideias equivocadas a respeito de nós mesmos, como a de não sermos capazes. Assim, não seremos criativos se não estivermos esvaziados e distanciados desses padrões rígidos – e muitas vezes negativos – de pensamento. Precisamos de mindfulness para ter clareza do nosso propósito e para nos engajarmos nele de forma criativa, inovadora, em um caminho rumo à felicidade pessoal e coletiva.

4. Capacidade de realização e administração do tempo

Fruto do engajamento no nosso propósito, temos a capacidade de realização, de fazer as coisas acontecerem, de transformar objetivos e sonhos em realidade, a partir da priorização, do planejamento e da força que é colocada naquilo que é mais importante. Dessa forma chegamos a melhores resultados. E se você faz o que é mais importante, terá resultado.

A capacidade de realização também tem entre os seus componentes a administração do tempo. Eu priorizo, então eu vou chegar mais fácil aos resultados. De forma geral, temos quatro tipos de tarefas quando se trata de planejamento do tempo. Existem as coisas "urgentes e importantes", as "não urgentes e importantes", as "urgentes e não importantes" e as "não urgentes e não importantes". A falta de atenção e de priorização faz com que muitas vezes gastemos o nosso tempo, que é finito, nas coisas "urgentes e não importantes" e nas coisas "não urgentes e não importantes", por incrível que pareça. É tempo jogado fora por falta de atenção e foco.

Temos também a tendência de colocar toda a nossa atenção nas coisas que são "urgentes e importantes" e não nas coisas "não urgentes e importantes", que vão se transformar em coisas "urgentes e importantes". Entretanto, normalmente, quando a coisa é urgente, acabamos não a fazendo tão bem, por conta da pressão da urgência, o que obviamente vai impactar nos resultados.

A prática de mindfulness contribui para que percebamos não só aquilo que é urgente, que está pegando fogo, mas onde e por que começou o incêndio. Com isso, podemos agir no momento certo, evitando estresse desnecessário e perda de recursos, tendo melhores e mais significativos resultados e realizações.

5. Educação e ética

Os benefícios de mindfulness para a educação são muito grandes, afetando a escolha do que ensinar, o ambiente em que é ensinado, a capacidade de quem ensina e também de quem aprende.

Pensando nos dois principais atores, o professor e o aluno, facilmente percebemos suas implicações positivas. Com mindfulness, o professor adquire maior clareza do que é importante ser ensinado e de como fazer isso, impulsionado pelo seu propósito de ensinar. Ele faz isso melhor, pois amplia a sua percepção das necessidades do grupo e de cada aluno, se entregando mais e de forma mais assertiva. O aluno, por outro lado, ganha no aprendizado com maior atenção, com novas conexões neurais, com uma melhora na compreensão de leitura e na capacidade de memorização, com menos bullying e com um melhor desenvolvimento de habilidades socioemocionais.

E essa educação que vem de dentro, despertada pelas práticas de mindfulness, é acompanhada por um aumento de consciência, o que implica atitudes mais éticas e mais positivas para todos.

6. Saúde

Foi na área da saúde que o movimento de mindfulness inicialmente ganhou força no Ocidente, com diversas pesquisas mostrando os benefícios dessa prática para auxiliar no tratamento de doenças cardíacas, hipertensão arterial, problemas gastrointestinais, alergias, psoríase, distúrbios do sono, depressão e também na aceitação e na resiliência à dor, entre outras questões e patologias. Por exemplo, um elemento importante e causador de muitas doenças físicas e mentais é o estresse. Ele é a causa e ao mesmo tempo a consequência da somatização de aspectos psicológicos. Mindfulness atua diretamente na diminuição do estresse.

7. O maior benefício – ir além do piloto automático

O cérebro humano é capaz de aprender algo e repetir de forma rápida. Ele cria um caminho neural – a comunicação entre determinados neurônios – que nos permite responder a um estímulo de forma imediata, sem precisar gastar mais energia, acionar mais neurônios do que o necessário, pensar mais a respeito ou dar mais atenção. E isso em alguns casos é muito bom. Um clássico exemplo é quando estamos aprendendo a dirigir e ficamos pensando no que temos que fazer. Com a prática, a nossa resposta é automática, sem que precisemos refletir quando devemos apertar o acelerador, pisar no freio, etc.

Entretanto, essa mesma qualidade tem se transformado em uma maldição, pois pode impedir que vejamos a realidade e levar a nos prendermos a conceitos/ideias e sentimentos, quase sempre negativos. Isso vale tanto em relação a pessoas e fatos como a nós mesmos. Estou falando daquela resposta reativa, mecânica, automática, sem conexão, impulsiva. Estou me referindo a crenças, preconceitos, julgamentos, hábitos, vícios, medo, raiva.

A nossa percepção da realidade se torna nublada, condicionada a aspectos emocionais negativos ou não trabalhados em nossa personalidade, que distorcem nossa compreensão dos fatos, manipulando inconscientemente o comportamento subsequente, que é reativo e dominado por esses elementos. Chamamos isso de piloto automático.

O piloto automático é o mecanismo que o ego utiliza para não percebermos o que acontece conosco de verdade e o que realmente vai alimentar a nossa alma, o que realmente vai fazer com que possamos produzir mais e melhor, o que vai gerar relações melhores. Isso acontece porque estamos presos em um mecanismo viciado de respostas automáticas.

Em geral, não temos noção da dimensão do nosso funcionamento no "piloto automático". Reconhecemos às vezes alguns momentos, mas não notamos que frequentemente estamos nesse "modo de agir". Não vemos que somos quase que robozinhos, programados como autômatos para responder a estímulos externos – das pessoas e dos ambientes – e internos – de uma mente que envia estímulos a cada segundo; programados pelos pais, pela sociedade, pelos nossos medos e sentimentos negativos. O piloto automático é uma complexa estrutura feita para nos proteger da dor e para obter o que acreditamos ser felicidade. Só que não percebemos como essas atitudes mecânicas geram infelicidade, em nós mesmos e nos que estão em nosso campo de atuação.

As práticas de mindfulness ampliam a nossa consciência tanto para os fatos em si como para as verdadeiras motivações internas que nos levam a agir de uma maneira ou de outra. Por vezes, somos desafiados a ter coragem para observar e encarar algumas questões desconfortáveis da nossa psique que são trazidas à tona; e também para observar sentimentos positivos porventura negligenciados internamente. Por isso mindfulness é um elemento fundamental para sairmos do "piloto automático".

Mindfulness é a metacompetência

Mindfulness serve de base para tudo, pois sem atenção, sem foco, nada pode ser bem-feito, bem aprendido, bem vivido. Por isso entendo que mindfulness é a grande metacompetência. Especificamente, entendo metacompetência como uma competência que dá suporte para o desenvolvimento de outras. Neste caso, me atrevo a dizer que mindfulness pode dar suporte para todas as outras competências.

Competência (com potência) é uma capacidade ou uma característica que potencializa algo e que pode ser de conhecimento (saber sobre algo), de habilidade (saber fazer algo) ou de atitude (saber agir em relação a algo).

Entendo que dons são características que possuímos, qualidades com as quais nascemos ou que aparecem durante a nossa vida. Quando desenvolvidos, tornam-se talentos. Uma competência pode ser quase que natural, como um talento vindo de um dom, ou pode ser desenvolvida, apreendida. Existem centenas, se não milhares, de tipos de competências.

Para qualquer coisa que queiramos fazer de forma bem-feita precisamos de uma ou mais competências. Ser uma boa mãe exige várias competências, como cuidado, orientação, paciência, etc. Um profissional dentro de uma empresa precisa desenvolver as competências necessárias, como flexibilidade, cooperação, pontualidade, etc. Para isso ele deve entender e direcionar seus esforços para obtê-las, o que por si só é sinal de comprometimento, maturidade e ética, pois a competência é essencial para a alta performance. Competência também inclui ação praticada de maneira assertiva. Por outro lado, a incompetência gera ações e consequências negativas para a empresa e para o profissional.

A presença, a capacidade de estar aqui e agora, de focar a atenção, de estar aberto para perceber dentro e fora, suporta e abre as portas para o aprendizado, a adaptação, a antecipação e a criação de outras competências. Por isso, vejo mindfulness como a metacompetência de outras metacompetências, como auto-observação, análise e intuição.

Mitos, interrupções e desculpas

É muito relevante, para ajudar a desfazer a visão que alimenta o piloto automático, clarear possíveis equívocos ou imprecisões quanto à natureza do ser humano e do trabalho de mindfulness. Isso inclui mitos, interrupções e desculpas que damos para não praticá-lo:

1. Mindfulness não é religião

Pelo menos não da forma como normalmente entendemos esse conceito, como um conjunto de crenças, símbolos e rituais por meio dos quais são manifestadas a fé e a visão de mundo características de um grupo específico de pessoas.

O principal e mais imediato efeito da prática é o sentimento de religação consigo mesmo, o que acaba por se estender a todo o campo ao seu redor e, consequentemente, a tudo e a todos. Você não precisa acreditar nisso. A conexão consigo mesmo não depende de nenhuma crença nem de esforço algum para que se acredite em algo. Ela nos sustenta e dá força para o que é verdadeiro em nós, e só traz coisas boas. Essa conexão não é um dogma que vai nos dizer que devemos agir de determinada forma, dentro de um preceito moral, de uma regra ou norma. Seja qual for o nosso entendimento sobre a vida, seja qual for a nossa crença religiosa ou espiritual, a prática de mindfulness vai unir nossas capacidades cognitivas, emocionais e sensitivas, tornando-nos capazes de perceber tudo da maneira mais completa possível.

Para isso, você não precisa ter ligação com o budismo, o hinduísmo ou o yoga, nem com qualquer filosofia oriental. A prática de concentração é encontrada em todas as religiões do mundo, mas mindfulness não pertence a nenhuma delas. Essa prática não visa, de modo algum, tirar a pessoa de um caminho e levar para outro.

2. Multitarefa e interrupção não são boas

O endeusamento do conceito multitarefa é outro mito. Nós podemos nos envolver em diversas ocupações. Isso não é um problema, desde que possamos viver em equilíbrio com as nossas diferentes necessidades. Ser multitarefa, em si, não está errado. O erro está em querer ser multitarefa em um mesmo espaço de tempo. Nós temos múltiplos papéis na vida. Eu sou pai, marido, esportista, professor, consultor, amigo, irmão, buscador, enfim, sou plural. Em cada uma dessas minhas atribuições tenho muitas funções a realizar. Entretanto, o que faz a diferença é realizá-las uma de cada vez. Quando a atenção é fragmentada, com interrupções, o resultado também o será. A qualidade ou performance de uma ação está diretamente ligada ao grau e à intensidade de atenção que damos a ela.

Estudos[8] sugerem que um certo nível de interrupção pode realmente melhorar o desempenho de alguém, aumentando seu foco na tarefa primária – a principal a ser feita. Funciona como um "descanso". Entretanto, os mesmos estudos mostram que interrupções excessivas afetam o comportamento humano, impactando negativamente na recordação, na precisão, na eficiência, no nível de estresse e no desempenho final.

Entendo que uma parada de tempos em tempos – como a cada duas horas ou menos – ajuda a relaxar e intensificar o foco. Entretanto, interrupções constantes são muito ruins. Por exemplo, um estudo[9] aponta que os trabalhadores do conhecimento (a maioria de nós) são interrompidos a cada três minutos por e-mail e outras distrações, o que reduz seu desempenho geral. Esse levantamento estima ainda que tais interrupções custaram a uma empresa de 50 mil funcionários cerca de 1 bilhão de dólares em tempo perdido, reduzindo a criatividade e gerando erros e *burnout* (esgotamento).

E por que isso acontece? Porque o cérebro não foca duas coisas ao mesmo tempo, ou seja, o nosso cérebro não funciona em paralelo. Quando estamos fazendo duas ou mais coisas ao mesmo tempo é como se o cérebro estivesse levando a sua atenção para uma coisa de cada vez e pulando rapidamente para outra.[10] Isso provoca perda de parte das informações, reduz a percepção e dificulta a concentração, limitando as melhores respostas.

3. Tecnologia nem sempre ajuda

O uso da tecnologia, como basicamente qualquer coisa, pode ser positivo ou negativo para a nossa vida, dependendo da maneira como ela é utilizada e do grau de dependência existente. Uma interessante pesquisa[11] realizada pela Universidade Stanford mostra que as pessoas que costumam usar diversas mídias eletrônicas ao mesmo tempo, chamadas de *heavy users*, são mais suscetíveis a interferências de estímulos irrelevantes do ambiente e de representações irrelevantes na memória, bem como possuem um desempenho pior na hora de trocar de tarefa.

Quando nos tornamos dependentes de tecnologia e ocupamos nosso tempo nos distraindo, deixando de focar o que é mais importante, isso significa que perdemos a presença e a capacidade de tomar as melhores decisões. Uma coisa é verificar o e-mail, o Facebook, o Instagram, o WatsApp e qualquer outra ferramenta de comunicação digital para ver o que acontece, para se relacionar positivamente com os outros. Outra é agir a partir de uma ansiedade, de um desejo de receber algo, um like, uma mensagem. Neste segundo caso a mente está presa no passado ou no futuro, desejando e esperando. E, quando isso se torna um vício, fica difícil estar no momento presente, em mindfulness.

É importante perceber que a tecnologia, as mídias sociais e a internet estão revolucionando as relações humanas em todas as áreas, mas, pela novidade e a falta de clareza do que é bom e do que não é, estamos muito deslumbrados e até hipnotizados com tanta novidade. Ainda precisamos aprender a utilizar a tecnologia para o bem da humanidade e não para ferir a nós mesmos e os outros. E mindfulness contribui para esse aprendizado.

4. Ou tudo ou nada?

Outro mito existente é o de que, se você não conseguir ficar por inteiro nas práticas de mindfulness, o exercício não serve, não tem validade. Isso é equivocado, pois o treino da atenção consiste exatamente em perceber a desatenção e focar, algo que, sobretudo no início, acontece inúmeras vezes e, aos poucos, gera mais capacidade de atenção e consciência. E um mínimo aumento de consciência pode representar o freio para evitar que uma pessoa que está cega pelo ódio, por exemplo, pratique um crime. Qualquer aumento de percentual importa, e esse aumento quase sempre demanda disciplina e resiliência. Ao mesmo tempo, isso não impede que, se eu quiser ter uma vida melhor, eu busque cada vez mais, e por que não 100%?

Uma interessante iniciativa[12] tomada por Dan Harris e Jeff Warren foi a de alugar um ônibus e viajar durante 11 dias por 18 estados norte-americanos, conversando com dezenas de potenciais meditadores – que queriam ou teriam alguma abertura para a meditação –, levantando os problemas e as crenças mais comuns que os impediam de meditar. Entre outras, ouviram frases como: "Eu sou péssimo nisso"; "Eu não tenho tempo"; "Eu não posso fazer isso"; "As pessoas podem pensar que eu sou estranho"; "Isso vai me deixar muito lento"; "As pessoas vão rir de mim".

Vejo muita gente dizendo que não consegue ficar quieta, que tentou uma vez e não parou de pensar, que acredita que nunca vai conseguir acalmar a mente e que, por conta dessas crenças, desiste achando que não irá progredir como desejaria. Acreditar que não se atingirá um estágio superior nas práticas gera uma acomodação que restringe a possibilidade de mudança. Pressupor que mindfulness é inalcançável serve como desculpa para que o nosso mecanismo egoico – orgulhoso, infantil, preguiçoso, mecânico e reativo

– se perpetue no comando de nossas ações. Esse pensamento é um dos componentes dessa engrenagem que faz com que fiquemos presos em padrões obsoletos de conduta, repetindo *ad aeternum* os mesmos comportamentos que nos levam à infelicidade. Que possamos ir além deles.

5. A solução mágica de todos os problemas?

Outro mito que se desenvolve, principalmente em função de certo modismo do momento, é o de que a prática de mindfulness resolve tudo. E de forma rápida. Isso não é verdade. Pelo menos não no começo. O ser humano é complexo em suas questões e a sua caminhada ou evolução é muitas vezes lenta e com diferentes estágios e necessidades.

Para evitar uma visão fantasiosa a respeito de mindfulness, é importante conhecer algumas críticas feitas à prática. Uma delas é que, embora as descobertas sobre os efeitos da meditação no cérebro sejam muito positivas, quase todos os estudos são feitos com pequenas amostras e a maioria das descobertas ainda não foram replicadas em outros estudos. Também têm aumentado as críticas sobre o uso superficial e com intenção comercial, em que as argumentações de benefícios e soluções/metodologias de ensino de mindfulness parecem buscar a adesão das pessoas de qualquer forma, com o objetivo principal de retorno financeiro ou de status.[13] Isso, a meu ver, deve ser visto de duas formas. A primeira é saber que a prática de mindfulness, sozinha, não resolve tudo. Ela dá suporte para muitas coisas, mas não pode ser encarado como uma pílula mágica, inclusive porque se baseia em um aumento de consciência, não em uma fuga das questões da vida. A segunda é que não basta fazer um pouco de prática e achar que está tudo resolvido.

Quando realmente estamos no estado profundo de mindfulness, na presença, compreendemos que talvez não existam problemas, apenas fatos, situações. O rótulo de problema somos nós que colocamos. Portanto, é lícito dizer que a prática de mindfulness nos dará, aos poucos, uma espécie de poder, e esse poder aciona e suporta outros, como o da percepção de que algo está errado dentro de nós e que é preciso buscar ajuda concreta, como de terapia, capacitação, etc.; o poder de escolher a atitude objetiva e positiva, como trabalhar, se relacionar, tomar um medicamento, largar um vício etc.; entre outras escolhas, atitudes e comportamentos que poderão resolver os nossos problemas.

Como a mente e o cérebro funcionam?

De forma simplificada, gosto de ver a mente como um software que roda em um hardware, que é o cérebro. Só que esse software modifica e é também modificado pelo hardware, ou seja, a mente influencia o cérebro e vice-versa. A mente não é nossa inimiga, mas pode nos trazer muito sofrimento se for mal utilizada. Encaro-a como uma importante ferramenta, mas uma ferramenta nova, ainda a ser mais bem compreendida e utilizada pelo ser humano.

A mente e o cérebro buscam basicamente três grandes sensações: segurança, satisfação e conexão. Elas se misturam e se complementam. Gosto de citar a pirâmide de Maslow,[14] que aponta a hierarquia de necessidades e mostra o que nos motiva, o que nos impulsiona, como meio de explicar a busca por essas sensações.

Segurança

Na base da pirâmide estão as necessidades de sobrevivência, onde vemos, primeiro, a busca por atender às nossas necessidades fisiológicas; em seguida vêm as de segurança e, logo depois, as sociais. Queremos (e precisamos) comer, dormir, ter um lugar para ficar, ser aceitos, fazer parte, etc.

Como podemos ver, uma das necessidades primordiais é a segurança. Estamos o tempo todo buscando sinais que nos digam que estamos seguros, checando qualquer possibilidade de risco, seja físico ou na forma de conteúdos emocionais, como, por exemplo, aquela pessoa que não me aceita e é, portanto, vista como uma ameaça.

Veremos que essa necessidade está diretamente relacionada com a função cerebral que trabalha para nossa percepção de segurança. Para esse fim, temos o sistema reptiliano, junto com o sistema límbico, como principais atores.

Satisfação

Além da segurança, que está no segundo degrau da pirâmide de Maslow, outra necessidade primordial que o cérebro "busca" atender é a satisfação. Nosso cérebro possui um sistema de recompensa que estimula determinados comportamentos que proporcionam sensações de prazer e satisfação, como a alimentação, o sexo, entre vários outros aspectos da nossa vida.

A busca pelo prazer é natural e legítima no ser humano. O problema acontece principalmente quando essa busca é contaminada por emoções negativas, que provocam desvios de comportamento e podem servir como uma compensação. Um exemplo simples é quando comemos mais do que precisamos apenas para suprir um sentimento de carência. Ou seja, distorcemos uma necessidade legítima, que é comer com prazer para alimentar o corpo, a fim de satisfazer uma necessidade emocional negativamente orientada.

Conexão

Outra necessidade a qual o cérebro está configurado a procurar atender é a conexão, que está ligada à nossa interdependência e também à percepção de poder fazer parte de algo maior. Quando perdemos ou nos falta esse sentimento de conexão, nos sentimos incompletos, desconectados, isolados.

Uma das situações que mais causa dor e sofrimento é quando uma pessoa se sente excluída. E a exclusão é o oposto da conexão. Por outro lado, a conexão com outra pessoa nos traz muita alegria. Relacionamentos íntimos positivos são essenciais para a longevidade e a felicidade, como demonstrou o já citado estudo[15] de Harvard.

Existem três focos de conexão: consigo mesmo, com o outro (pessoa, causa ou grupo) e com o todo. Esses focos estão interligados. No extremo oposto, a falta de conexão, encontramos o isolamento e a depressão. Por exemplo, é difícil ver alguém depressivo realmente conectado consigo mesmo, com seu propósito, com os outros e com o mundo.

A busca pela autorrealização, localizada no topo da pirâmide de Maslow, é um sinal da conexão do indivíduo consigo mesmo, com o seu centro mais profundo, a sua essência, o que provoca grande satisfação e contentamento – sinônimos de felicidade.

É muito importante desenvolver a atenção e o foco para poder direcionar a atividade cerebral de maneira positiva na busca por segurança, satisfação e conexão.

Como o cérebro funciona?

Para entender melhor o impacto positivo que a prática de mindfulness tem em nossa fisiologia, exponho a seguir informações gerais sobre algumas das principais características e funções de nosso cérebro.

O cérebro é formado principalmente por células conhecidas como neurônios, possuindo mais de 80 bilhões delas. Cada neurônio pode se comunicar com os demais, trocando informações e gerando algo em torno de 10 mil conexões. Essas conexões, ou trocas, entre dois neurônios são chamadas de sinapses, que acontecem devido a um fenômeno eletroquímico, que pode ser definido como um processo químico que gera uma descarga elétrica.

Nosso cérebro é do tamanho de um pequeno coco, pesando em média 1,4kg, com um formato semelhante a uma noz. É dividido em dois hemisférios (esquerdo e direito), cada um deles apresentando estruturas semelhantes, mas com funções específicas. Eles são unidos e se comunicam entre si. A parte esquerda é mais voltada para funções racionais, e a direita, para funções emocionais, com uma visão mais ampla do todo. De qualquer forma, as funções são processadas nos dois hemisférios, sendo que em algumas situações um pode ser acionado de modo diferente ou mais intenso que o outro.

De forma simplificada, podemos dizer que o cérebro é dividido em três partes principais, que são encontradas nos dois hemisférios.[16]

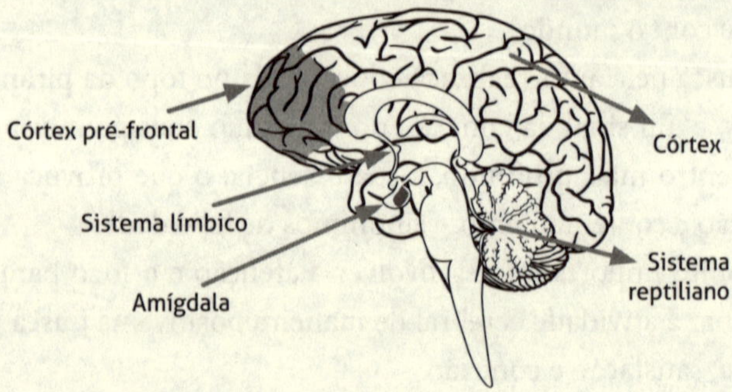

O sistema reptiliano é a parte do cérebro humano ligada principalmente ao instinto de sobrevivência, cuidando de funções estruturais básicas como o controle da respiração e dos batimentos cardíacos, a regulação da temperatura corporal, entre outras. É também responsável por alguns reflexos faciais.

O sistema límbico é o principal responsável pelas funções de aprendizado e memória – que também ocorrem em outras partes do cérebro –, além do controle das emoções, do prazer – que abrange parte da nossa sexualidade – e dos comportamentos sociais. Uma de suas principais estruturas é a amígdala cerebral – que nada tem a ver com as amígdalas que ficam no fundo da garganta; sua função primordial é deflagrar estímulos emocionais, como identificar ameaças e perigos, colocando-nos em situação de alerta. A amígdala é uma peça-chave para ativar comportamentos como lutar, correr ou congelar.

A terceira parte, a maior porção do cérebro humano em termos de massa, inclui o córtex e o neocórtex – que é parte do córtex –, responsável pela racionalidade. É a área que nos permite avaliar um encadeamento de situações e suas consequências e fazer uma escolha a partir da lógica, usando a razão, resolvendo problemas. Também está relacionada à capacidade de controlar os impulsos – interpretando os estímulos emocionais –, de expressar sentimentos e de nos relacionarmos positivamente com os outros.[17] O córtex pré-frontal, a parte do córtex responsável pela tomada de decisões, está localizado logo atrás da testa.

Como mencionei anteriormente, essas partes estão interconectadas. Na conexão entre os neurônios são liberados neurotransmissores, que são substâncias químicas (hormônios, como cortisol, adrenalina, endorfina, etc.) que irão influenciar os nossos pensamentos, sentimentos, sensações e comportamentos.

Os estímulos emocionais, embora nasçam no sistema límbico, são também processados pelo córtex frontal, sendo importante o tráfego de informações entre o sistema límbico e o córtex, e vice-versa.

Neuroplasticidade

Até alguns anos atrás, os cientistas acreditavam que o cérebro se desenvolvia durante a infância e chegava à idade adulta pronto, sem muitas possibilidades de modificação. Entretanto, diversas pesquisas mostram que o cérebro é capaz de se modificar, o que é chamado de plasticidade neural ou neuroplasticidade, sendo hoje entendido que ele sofre interferência do que fazemos. Constituem exemplos interessantes alguns violinistas, que têm uma região expandida no córtex motor; deficientes auditivos, que usam parte do córtex auditivo para processar a língua dos sinais; e taxistas, que possuem parte do hipocampo maior do que o de motoristas comuns.

De acordo com Siegel,[18] neuroplasticidade é o termo usado para descrever a capacidade de criar novas conexões neuronais em resposta à experiência. Ou seja, o sistema nervoso é capaz de se adaptar e remodelar conforme as necessidades e os comportamentos.

Outro exemplo de neuroplasticidade – as modificações que os pensamentos produzem no cérebro – pode ser visto em uma pesquisa[19] que mostra que é possível identificar pessoas com pensamentos suicidas por meio da análise das alterações ocorridas no cérebro delas.

Em outras palavras, podemos modificar – e modificamos – nosso cérebro a partir das nossas escolhas: pensamentos, sentimentos, palavras e ações. A meu ver, isso traz uma grande autorresponsabilidade, pois estamos onde nos colocamos. Por outro lado, não devemos fantasiar sobre isso, imaginando que qualquer coisa possa facilmente ser alterada no cérebro, ignorando a realidade da genética e da fisiologia. Com as limitações da abordagem deste tema aqui, quero apenas afirmar que mudanças acontecem no cérebro, para melhor ou para pior, dependendo das nossas escolhas. Isso também é demonstrado em diversos estudos sobre os impactos de mindfulness.

O que acontece com o nosso cérebro

Quando somos dominados por emoções negativas, apenas reagimos e perdemos a faculdade de discernir a realidade, perdemos a conexão com o que é factual, com o que é real. Isso acontece por causa de uma ativação exagerada da amígdala cerebral. É só observar se, quando nos sentimos subjugados pelo medo – somado ao conjunto de reações químicas (liberação de hormônios como o cortisol e a adrenalina) e fisiológicas orquestradas pela amígdala –, conseguimos perceber todas as variáveis envolvidas naquela circunstância.

Como vimos, o medo está muito associado à atividade na amígdala. Essa atividade é inibida pelo córtex pré-frontal, que exerce um papel importante no controle das emoções. É interessante perceber que, quanto mais forte a relação (as vias que interligam) do córtex pré-frontal com a amígdala, menores os níveis de ansiedade encontrados,[20] e vice-versa. Como a ansiedade é um dos componentes normalmente presentes no medo – talvez um sintoma de sua existência –, essa forte conexão ajuda a diminuí-lo, para que ele não assuma o controle.

O estresse tem efeitos adversos significativos na saúde e é um fator de risco para muitas doenças. Alguns estudos[21] sugerem que o estresse crônico aumenta a resposta emocional, incluindo medo e ansiedade, exatamente por uma ativação da amígdala. Outra pesquisa[22] mostra a redução da densidade de matéria cinzenta da amígdala em indivíduos saudáveis que foram submetidos a um treinamento de mindfulness de oito semanas, com foco na redução de estresse. Ou seja, mindfulness ajuda a diminuir o medo, a ansiedade e a ativação exagerada da amígdala.

Nós recebemos muito mais informações do ambiente, do mundo e dos outros do que temos condições de processar. Nossa atenção e nossa percepção acabam sendo seletivas, levando em conta apenas parte da informação. Assim, o que acontece é que a amígdala recebe a impressão imediata coletada pelos nossos sentidos, como a visão, e já é acionada, de maneira a influenciar rapidamente a tomada de decisão. Só que isso pode ser muito ruim, se a parte ignorada da informação for importante. Por exemplo, quando vemos alguém com uma cara ameaçadora (na nossa interpretação), tendemos a já reagir, influenciados pela amígdala, mas podemos perder parte da informação, da realidade da situação, como o fato de que, na verdade, aquela pessoa está com dor ou preocupada, precisando de ajuda. Especificamente sobre o sentido da visão (o olhar), que capta parte da realidade, ele tem um impacto forte na amígdala e no nosso comportamento. Um achado interessante[23] é que quando a resposta e a ativação da amígdala são relativamente fracas, a relação entre o córtex visual – o que vemos – e sua influência no comportamento também é relativamente fraca. E o inverso também é verdadeiro.

O córtex pré-frontal, que leva mais tempo para processar todas as informações, é que vai poder avaliar melhor a realidade e escolher a ação mais adequada, "acalmando" a amígdala. Entretanto, para que isso aconteça, precisamos fortalecê-lo, o que é feito por meio da prática de mindfulness. Quando não treinamos o foco, nossos pensamentos são tomados pelas ameaças e a amígdala pode se tornar a rainha absoluta da situação. Um exemplo clássico é quando somos tomados pela raiva e agimos movidos por esse sentimento. Nesse momento, perdemos completamente a razão, como se fôssemos sequestrados pela amígdala. A prática de mindfulness ajuda a evitar que isso ocorra, permitindo um autodomínio maior, pois somente quando relaxamos e acalmamos é que podemos mudar o padrão da nossa resposta, diminuindo a atividade na amígdala.

Quero apontar que ainda existe muito a se estudar sobre o cérebro e que nem todos os estudos apresentam os mesmos resultados. Por exemplo, um tema presente em muitos estudos,[24] mas não em todos, é a redução nos níveis de cortisol, um hormônio relacionado ao estresse – quanto mais estresse, mais cortisol –, em pessoas que praticam mindfulness.

De forma simplificada, e por estar presente em um grande número de estudos, costumo focar a explicação do impacto de mindfulness nas atividades do córtex pré-frontal e da amígdala, dois importantes influenciadores dos nossos pensamentos, sentimentos, sensações e comportamentos. Isto porque, quando praticamos mindfulness e técnicas de foco, temos normalmente uma diminuição da atividade da amígdala e um aumento na atividade do córtex pré-frontal, o que expande a nossa competência em fazer escolhas de forma racional e positiva, não nos baseando em reações condicionadas. Cabe esclarecer que o significado da palavra "racional" aqui não está associado à ideia de separação ou desconexão dos nossos sentimentos. O racional não é necessariamente o contrário do emocional. O lado racional, em sua máxima e autêntica acepção, é consciente da perspectiva emocional e a inclui em sua própria definição. São elementos complementares, e não excludentes.

Mindfulness e inteligência emocional

A vida é uma caixinha de surpresas. Gosto dessa frase, embora nem sempre seja fácil lidar com essas surpresas. A realidade é que não podemos controlar as pessoas e as situações. As coisas não são exatamente do jeito que queremos. Nós mesmos nem sempre somos do jeito que gostaríamos e fazemos coisas de que nos arrependemos. Entretanto, a forma como lidamos com tudo o que acontece – com nossas ações e reações e também com as dos outros, com as emoções que são geradas – pode ser ao menos parcialmente controlada, inteligente, positiva. Estamos falando de inteligência emocional.

Ela envolve a capacidade de perceber e entender as emoções – nossas e dos outros – bem como utilizá-las, o que exige autocontrole de forma positiva, ou seja, de forma que nos ajude a obter um resultado positivo, como uma convivência pacífica, a união de um grupo, o aprofundamento da intimidade, entre outras coisas.

A inteligência emocional está ligada à capacidade de responder aos estímulos do mundo e de perceber as nossas contradições na qualidade dessas respostas, agindo a partir dessa percepção. É interessante notar no convívio social que, quando enviamos uma mensagem agressiva, a tendência é recebermos respostas em igual ou maior tom. Às vezes, nossas palavras nem são tão ofensivas, mas a hostilidade se revela em nossa expressão corporal. O outro percebe e reage a essa comunicação não verbal. Não entendemos o motivo do descontrole alheio devido à nossa inconsciência dessa ambiguidade interna.

O psicólogo e jornalista Daniel Goleman,[25] que ajudou a popularizar esse conceito, aponta que a inteligência emocional tem um impacto direto no sucesso ou fracasso das pessoas, já que a maioria das situações envolve relacionamentos interpessoais, e se temos qualidades como afabilidade, compreensão e gentileza, temos mais chances de obter sucesso, seja na vida pessoal ou no trabalho.

Estarmos motivados e sermos capazes de identificar e digerir adequadamente os nossos sentimentos e emoções, bem como o que geramos em nossos relacionamentos, nos confere uma habilidade superior para fazer escolhas positivas e para vencer o estresse, a ansiedade e o medo que normalmente influenciam de modo desfavorável as nossas decisões.

As emoções são ativadas principalmente por avaliações automáticas ao invés de avaliações reflexivas, que ocorrem com muito menos frequência. Isso porque a avaliação reflexiva exige mais tempo. Assim, para lidar com as emoções precisamos conquistar um tempo interno, sem nos perdermos nas reações impulsivas.

A ansiedade, por exemplo, que é uma emoção bastante comum, negativa e observável nas pessoas, pode gerar um claro viés na percepção da realidade e dos outros, além de si mesmo. Já sabemos que o aumento do estado de ansiedade diminui o reconhecimento da emoção no outro, mais especificamente um aumento da percepção de raiva em vez de felicidade, o que pode nos gerar reações negativas, uma vez que a percepção de raiva no outro está associada à percepção de uma ameaça.

Daniel Goleman também aponta que "a capacidade de perceber que estamos ficando ansiosos e tomar providências para renovar o nosso foco reside na autoconsciência".[26] Como ele bem explica, a autoconsciência é ajudada por duas formas de atenção: a atenção seletiva, em que escolhemos e focamos algo, deixando de focar o resto; e a atenção aberta, em que nos abrimos para perceber o que acontece dentro e fora de nós, no mundo interno e no externo.

Além das emoções, temos também os estados de ânimo. Embora

sejam parecidos, pois ambos envolvem sentimentos, podemos dizer que as emoções são mais curtas. Paul Ekman, um dos principais estudiosos do assunto, mostra que um estado de ânimo ativa emoções específicas, nos mantendo presos a determinados sentimentos. "Quando estamos irritados, procuramos uma oportunidade de ficar irritados; interpretamos o mundo de um modo que permite, ou até mesmo exige, que fiquemos irritados."[27]

A lógica acima mostra a importância de mindfulness para percebermos que estamos nesse estado e sermos capazes de mudar a chave, e usarmos a inteligência emocional para escolher o que é bom para nós e para os outros, saindo de estados de ânimo e evitando agir movidos por emoções negativas que (quase) sempre nos levam a lugares ruins. Paul Ekman sugere, entre outras formas, a meditação como uma importante abordagem para aumentar a consciência do comportamento emocional e a consciência do impulso.

E, se estamos presos em um sequestro da amígdala (uma reação emocional incontrolável), o que podemos fazer? Como em quase tudo, o primeiro passo é tomar consciência de que se está nele. E para sair dele podemos usar um caminho cognitivo – como lembrar que a pessoa não é sempre assim, usar de empatia, se colocando no lugar de quem "causou" esse estado, entre outros – ou uma intervenção biológica, como a meditação ou o relaxamento. Entretanto, mindfulness e mesmo o relaxamento, por exemplo, funcionam melhor quando os praticamos regularmente, caso contrário fica difícil conseguirmos nos lembrar deles e usá-los no momento propício.

Eckhart Tolle destaca com muita clareza a importância da presença e do testemunhar para lidarmos com as emoções negativas. De forma direta, ele aponta que "quando surgirem os desafios, como sempre surgem, adote o hábito de penetrar direto em seu eu interior e se concentrar o máximo que puder no campo de energia interna do seu corpo".[28] Estar no corpo é não se perder no passado nem no futuro. É estar aqui e agora, sem deixar a mente influenciar nossas emoções a partir dos pensamentos negativos, dominando o nosso corpo inclusive com substâncias químicas, como a adrenalina e o cortisol.

Ele também mostra que a nossa identificação com as vozes que atuam na nossa cabeça, na maioria das vezes ecoando aspectos negativos nossos e dos outros, como o autojulgamento e o julgamento alheio, é uma grande fonte de sofrimento. E a saída é sempre a mesma: voltar-se para o aqui e agora.

Se estivermos atentos para perceber esse mecanismo da mente, agiremos de uma forma mais inteligente, que será construtiva para nós e para nossos interlocutores. Seremos capazes de perceber as emoções (e até os desejos) destrutivas e decidir não dar vazão a elas. Essa é a conquista do real poder sobre as nossas escolhas.

Mas para isso precisamos saber da existência de tais emoções e desejos, lembrando a máxima de que aquilo que não conhecemos dentro de nós, veladamente, nos domina. Toda a base da inteligência emocional se assenta sobre o desenvolvimento do foco, porque com ele podemos nos conhecer com mais profundidade, deixando de ser governados por vontades ocultas.

Com e sem mindfulness

Para ficar bem claro o processo que acontece dentro de nós, vamos comparar uma situação em que não temos a capacidade de atenção plena, de presença, com outra vivida com o pleno domínio dessa capacidade.

Se somos afetados por algum fato ou acontecimento e não estamos presentes, atentos, esse episódio provocará um pensamento negativo. Iremos pensar sobre esse pensamento e compor um enredo baseado em componentes de nossas carências e traumas que resultarão em um universo infinito de outros... pensamentos. Todos gerados a partir de emoções negativas que se alimentam umas das outras. Pode parecer loucura, mas é assim mesmo que funcionamos.

Criamos uma história através de pensamentos que provocam sentimentos negativos que vão influenciar nossas ações – ou reações – que, por sua vez, irão gerar consequências, obviamente desfavoráveis, que realimentarão todo o processo. Tudo isso sem termos consciência de que estamos gerando, a partir desse processo, situações negativas para nós mesmos. Aliás, podemos ficar perdidos nesse ciclo de confusão e desarmonia simplesmente a vida inteira.

Entretanto, se desenvolvemos mindfulness, o mesmo acontecimento que nos afetaria, disparando a compulsão de pensamentos, é apenas observado, sem julgamento. Permanecemos centrados, tranquilos, sem iniciar o procedimento usado pelo mecanismo de defesa de lançar projeções aos envolvidos, nem impulsionar a "fábrica de rótulos e julgamentos" que nossa mente costuma executar de maneira compulsiva. Agimos a partir desse estado de tranquilidade e de presença, empregando o conhecimento obtido através da inteligência emocional. Naturalmente, nascerão ações positivas desse posicionamento. E delas, consequências benéficas. Dessa forma, o processo será realimentado afirmativamente. Simples (e positivo) assim.

Força de vontade e a prática de mindfulness

A maior força e o maior poder que vejo no ser humano, aquilo que pode transformar a nossa vida, é a força de vontade.

Kelly McGonigal,[29] professora de Stanford, revela que a força de vontade pode ser treinada e aumentada, pois é como um músculo. Quanto mais a usamos, mais ela se fortalece. Segundo Kelly, a força de vontade está diretamente relacionada à capacidade de perceber o que realmente precisamos para nos fazer felizes em vez do que simplesmente desejamos – aqui entendendo-se que muitas vezes desejamos coisas que não nos fazem bem. Prestar atenção na existência de ansiedade por trás do desejo ajuda a perceber o que de fato vai fazer bem na escolha. A culpa e a vergonha, por exemplo, enfraquecem a força de vontade. Se aceitarmos a falha, tendo autocompaixão e aceitação, bem como aumentando a autoconfiança, vamos falhar menos e ter mais força de vontade.

É interessante perceber que as pessoas que se perdoam e se amam recuperam-se mais rápido das suas falhas. Assim, se você não quer beber, mas bebe, e não aceita essa falha, vai beber mais para esquecer que bebeu. Essa lógica louca está presente em nós. E como fortalecer a força de vontade? Mindfulness e conexão social – relação com as pessoas – são muito importantes.

A falta de autoconhecimento muitas vezes faz com que sejamos guiados por aspirações de autodestruição, que geram sofrimento em nossa vida e na dos outros. São intenções ligadas a algum ganho e algum prazer obscuro que, na maioria das vezes, não é consciente, mas é um "lucro" obtido quase que clandestinamente à nossa consciência por meio de comportamentos danosos, contraproducentes. Os vícios de conduta, por exemplo, nos fornecem algum tipo de prazer emocional, pois vão gerar uma série de reações químicas com as quais o nosso corpo tende a se habituar.

Em muitas situações temos interpretações confusas em relação ao que é bom ou ruim para nós, pois desejos ambíguos e diferentes coexistem internamente. A força de vontade traz uma lógica simples: quanto mais queremos algo, mais nos empenhamos para aquilo. Na consciência, quanto mais despertos estamos a respeito de algo que desejamos, mais nos moveremos na sua direção. Entretanto, se no inconsciente existirem outros desejos, inclusive contraditórios aos da nossa consciência, esses desejos ganharão força e atuarão à nossa revelia, boicotando a atuação da nossa força de vontade positiva.

Sei que não faz o menor sentido racionalmente desejarmos algo ruim para nós mesmos, mas às vezes, sutil e secretamente, é o que acontece. E quem nos leva a que esse desejo se realize, se manifeste, é a nossa força de vontade, nesse caso invertida, direcionada para o negativo. A culpa é um exemplo de vontade distorcida. O que ela traz? A vontade de nos castigar devido ao autojulgamento de não merecimento.

A força de vontade tem um poder incrível e é a potência motriz que nos leva para cima ou para baixo. Quanto mais íntegros somos, mais poder de realização conquistamos, mais poder de conseguir materializar a nossa vontade, que começa nos pensamentos, transita pelos sentimentos e se materializa nas palavras e nas ações. Quando pensamos uma coisa, sentimos outra, afirmamos uma terceira e fazemos uma quarta, é óbvio que vamos ter um baixíssimo potencial de força de vontade em movimento, porque nos faltará o chão, a base que une e harmoniza o conjunto de nossos potenciais, que é a integridade.

Mas a força de vontade pode ser desenvolvida. E como? Quando nos propomos a executar algo e efetivamente o fazemos, utilizando a disciplina, sentimos a confiança crescer em nós. Cada pequena ação concretizada nos torna capazes de ampliar o vigor e o dinamismo para uma performance melhor, mais dedicada e eficaz. Isso vale para nossa vida pessoal e profissional.

A dedicação é um dos sinais exteriores da força de vontade. E quando ela é consciente e positiva, precisa ser alimentada e regada a todo momento. Precisamos assumir que a coisa mais importante da vida é sermos senhores das próprias escolhas, de forma consciente e positiva. Precisamos direcionar a nossa força de vontade para aquilo que será positivo para nós e para os outros – estamos também falando sobre ética de verdade.

Não vejo como desenvolver a força de vontade sem desenvolver a atenção, que é fruto da disciplina. Ela é seu alicerce. Precisamos praticar a atenção todo dia, fazer um voto diário de que realmente queremos que a nossa consciência esteja desperta, reinando, soberano, sobre a ilusória compulsão de pensamentos condicionados, o que ajudará inclusive a identificar as partes internas que ainda se encontram adormecidas para essa realidade.

Hoje, mais do que nunca, isso é necessário, pois vivemos na era das distrações. Há que se tomar cuidado com o autoengano de que existem coisas mais importantes a serem feitas e que não temos tempo para exercitar a atenção. Isso é mentira. A verdade é que é uma questão de escolha. Só desenvolvemos o vigor real se aprendermos a focar a mente. Quanto mais concentração, mais maestria, seja no que for. O compromisso interno precisa ser lembrado a toda hora. E lembrar significa realizar na prática. Precisamos levar a mente à academia com mais frequência do que levamos o corpo. Também pode ser junto com ele. E para isso precisamos focar a nossa força de vontade.

Mindfulness pode fazer mal?

Quase todos os relatos de experiências com mindfulness são positivos, mas algumas pessoas entram em espaços difíceis. A prática de mindfulness, que está diretamente relacionada a um processo exploratório de si mesmo, conectada com o autoconhecimento, pode abrir espaço para a percepção de pensamentos negativos, contrários muitas vezes à imagem que temos de nós mesmos e que trazem, quando nos apegamos a eles, bastante sofrimento, principalmente por causa do orgulho.

Acontece que, ao invés de abrirmos mão do pensamento, nos apegamos a ele, nos identificamos com ele, acreditamos ser o que ele diz que somos – e normalmente é algo que não gostaríamos de ser. Assim, se aprofundarmos a nossa concentração sem ter dissolvido ou enfraquecido certos pensamentos, podemos passar por um momento difícil.

De forma geral, essa é uma ótima oportunidade para nos desfazermos da ilusão que temos sobre nós mesmos e, com calma, ir além desse estado provisório em que nos identificamos com aspectos negativos do ego, como orgulho, luxúria, ódio, mentira, etc. Entretanto, muitas vezes precisamos de ajuda para lidar com esses aspectos, já que eles existem como um mecanismo de defesa de traumas vivenciados normalmente na primeira infância, e que quase sempre jazem esquecidos no inconsciente. Nesse momento é preciso ter humildade para buscar o devido acompanhamento profissional.

Como tudo na vida, qualquer coisa usada para fugir de outra, que é necessária, gera um resultado negativo. Por exemplo, existem situações que exigem uma tomada de decisão baseada em uma análise clara e racional. A prática de mindfulness sem dúvida pode ajudar (e muito) nesse processo, mas, eventualmente, alguém pode tentar fugir de suas responsabilidades, inclusive financeiras, indo a retiros ou se recusando a pensar a respeito. Nesse caso não é mindfulness que faz mal, mas fugir de enfrentar a situação.

Pessoas com dependência de drogas ou medicamentos psiquiátricos e pessoas em recuperação de episódios de tentativa de suicídio, psicose e outros, além de ter acompanhamento na prática de mindfulness, devem avaliar o tempo dedicado. Pelo estado vulnerável em que a pessoa se encontra, o exercício da concentração por mais tempo pode levá-la a um estado de muito sofrimento, principalmente por acreditar em algum pensamento negativo.

Um levantamento[30] aponta que efeitos desconfortáveis são mais comuns em pessoas que praticam sozinhas, por mais tempo, sem orientação e acompanhamento de um profissional qualificado.

Por outro lado, bem dosada, sem pressa e com acompanhamento, a prática de mindfulness pode ajudar na reversão desse processo, sempre com a avaliação caso a caso. O mesmo cuidado deve ser tomado com pessoas de estrutura emocional muito frágil, que precisam de mais recursos para suportar a própria experiência.

Praticando mindfulness

Todo o entendimento teórico sobre o que vem a ser mindfulness, sobre suas implicações, sobre os achados da ciência, tem para mim uma finalidade principal: a sua efetiva prática. É a prática das suas técnicas que permitirá usufruir os seus benefícios, ampliando os momentos de presença.

Para se praticar de forma efetiva, alguns aspectos são importantes, como o relaxamento, a postura corporal, o ambiente da prática, a respiração e a concentração. Destes, percebo que o relaxamento e a concentração são os dois fundamentais, recebendo suporte dos outros aspectos.

A concentração quase se confunde com a prática de mindfulness em si. Como o próprio nome diz, é o ato de se concentrar em algo. É uma escolha firme e deliberada. Entretanto, como não estamos acostumados a ter uma boa concentração mental, somos facilmente distraídos por pensamentos. Assim, para desenvolvermos essa capacidade, precisamos de prática.

A concentração é uma conquista acessível a todos, variando em grau. Quanto maior a capacidade de concentração, mais fácil e profunda será a experiência. A concentração também ajuda no relaxamento, e vice-versa.

Mindfulness e relaxamento

Para ser possível focar, é importante eliminar ao máximo outras fontes que buscam a nossa atenção. A tensão é uma delas, o que simplesmente impede que a atenção seja totalmente direcionada. Quando estamos tensos, o sistema nervoso está constantemente recebendo sinais e estímulos da área onde há tensão. Assim, relaxar é fundamental.

O relaxamento deve ser físico e mental. Se percebermos que há tensão, é indicado ter uma atitude em busca de relaxamento. Para o relaxamento físico, alguns alongamentos e movimentos corporais, bem como determinadas práticas de respiração, podem ajudar. Para o relaxamento mental, que se reflete também no físico, além de focar a prática – o que significa abrir mão de ocupar a mente com outras coisas, como trabalho, computador, celular, conversas, preocupações, etc. –, podemos utilizar uma música suave, uma visualização, uma bela imagem (a beleza ajuda muito) ou o contato com a natureza – como olhar uma flor, o mar, o verde, a vida.

É interessante perceber que o relaxamento faz parte do aumento de consciência. E vice-versa. É difícil separá-los, pois um leva ao outro. A tensão normalmente é a identificação com um pensamento. Tomar consciência e abrir mão disso permitem o relaxamento. E, com o relaxamento das tensões, podemos esvaziar a mente e ampliar nossa percepção da realidade, aumentando a nossa consciência. Aos poucos, o relaxamento vai se tornando mais rápido e fácil.

Mindfulness e postura corporal

A postura do nosso corpo também nos ajuda a relaxar e focar. Sentar de maneira confortável, de um jeito que nosso corpo se acomode bem no chão, na cadeira ou no sofá, faz toda a diferença. Se a prática é sentada, a coluna ereta e o pescoço no prolongamento da coluna são muito importantes. Eles dão uma base, o que facilita o foco. As costas podem estar livres ou apoiadas no encosto de uma cadeira ou em uma parede.

Durante a prática ou antes dela podemos observar as partes do corpo, levando a atenção para os pés, as pernas, a coluna, a região lombar e os ombros, de modo a trazer para a consciência possíveis tensões e relaxá-las.

Por exemplo, se sentirmos algum tipo de incômodo, ficará difícil focar a respiração. Assim, precisamos olhar para esse incômodo e relaxar. Às vezes isso significa mudar de posição. Outras, não dar qualquer atenção ao incômodo, que quase sempre passa.

Outro ponto simples que pode impactar o nosso corpo é a roupa que usamos. Basicamente, ela deve ser confortável.

Nas práticas passivas, a postura deve ajudar a permanecermos imóveis durante toda a prática. É como brincar de estátua.

Mindfulness e ambiente

O lugar ideal para praticar é silencioso e no meio da natureza. A natureza – estando-se nela ou visualizando suas imagens –, por si só, pode ajudar na restauração positiva da atenção, recuperando a energia e melhorando a cognição. Entretanto, a ausência dela não nos impede de praticar. O objetivo é procurar um lugar silencioso, com uma energia agradável. Talvez no início uma música suave ajude a promover o estado de concentração. Um caminho é buscar um ambiente que nos proporcione bem-estar. Para alguns, a luminosidade é importante, pois uma pessoa mais sensível pode ficar com os olhos incomodados com o excesso de claridade ou outros estímulos visuais que geram alguma tensão interna.

Alguns praticantes apreciam meditar sempre numa mesma almofada e/ou tapete, em um canto reservado, o que ajuda a criar uma energia e uma rotina positivas. É importante que cada um experimente e descubra aquilo que realmente contribui para o seu treino mental, criando o melhor espaço possível e fazendo da prática um momento agradável e energizante. Ao mesmo tempo, não é preciso ficar preso a formas nem condicionado a hábitos que o tornem dependente. O ambiente pode contribuir, mas nunca deve se tornar um impedimento para a realização da prática.

Mindfulness e respiração

Uma das bases para que possamos atingir o estado de atenção plena é ocuparmos o nosso corpo e sentirmos o vigor de estarmos vivos. Dentro dessa percepção, uma coisa que faz toda a diferença é o foco na respiração, de tal modo que a maioria dos exercícios ou das técnicas de mindfulness se utiliza dele, porque, ao colocar a atenção no ar que entra através da inspiração e sai pela expiração, interrompemos o fluxo incessante de pensamentos ou, pelo menos, nos desviamos dele.

Respirar é a primeira e a última coisa que fazemos. Não conseguimos viver sem respirar. Uma frase utilizada pela Associação Americana do Pulmão e seus associados explica bem a importância da respiração: "Se você não consegue respirar, nada mais importa."[31] Outra de que gosto muito diz: "Nós somos o que respiramos." Sugiro uma pequena alteração para: Eu sou o que e como eu respiro.

Já participei de diversos grupos com atividades que requerem uma respiração mais ativa e pude constatar que a maioria das pessoas respira muito mal. Normalmente, o que vejo é uma respiração encurtada, mais concentrada no peito. E não percebemos como a respiração está limitada. Essa limitação se dá justamente devido ao hábito de respirar de forma encurtada, que pode ter sido causado por marcas emocionais (traumas, humilhações, choques de exclusão) que trazemos normalmente da infância.

Essas marcas que armazenamos vão limitando nossa respiração e assim nos acostumamos a respirar errado. Perceba como normalmente a respiração é mais curta e acelerada quando alguém vive uma crise emocional, fruto de uma tensão. Existem inclusive técnicas que se utilizam da respiração para nos ajudar a acessar conteúdos emocionais, como a Respiração Holotrópica e o Renascimento, que exigem orientação e acompanhamento profissional.

Nesse aspecto, é interessante perceber a relação entre medo e respiração. Quando sentimos alguma espécie de temor, a respiração também se contrai. Se puder, experimente se observar na próxima vez que tiver medo ou observe a respiração de alguém com esse sentimento.

Outra forma de observar isso é quando sentimos dor em alguma parte do corpo, pois, além de retesar os músculos envolvidos, tendemos a travar a respiração. Durante uma massagem é comum o massoterapeuta aliar ao toque das mãos o pedido de que a pessoa faça inspirações e expirações mais profundas, a fim de ajudar no desbloqueio de tensões e permitir que o corpo relaxe.

A tensão – e não a atenção – impede a plenitude da respiração, que é o que contribui para que a consciência do foco não se perca em inúmeras possibilidades de distração. Relaxar e aprender a respirar nesse estado é algo muito importante. A respiração é um portal para a presença.

São muitos os tipos de exercícios de respiração. A seguir eu ensino uma técnica de respiração muito simples que serve para focar e relaxar.

Respiração completa

A respiração completa consiste em utilizar mais da nossa capacidade respiratória, sem forçar ou criar tensão. Ela se inicia com a inspiração focada na região do abdômen, enchendo-a de ar. Em seguida e de forma contínua, na mesma inspiração, enchemos a região do tórax e finalizamos com a expansão dos ombros. A expiração segue a ordem inversa, soltando o ar a partir da região dos ombros, prosseguindo pelo esvaziamento da região torácica e, por último, da região abdominal.

É uma respiração profunda, lenta e contínua, formando um fluxo. O foco da atenção deve seguir cada uma dessas partes do corpo. Não é necessário forçar. A partir de três respirações completas já percebemos um efeito positivo. Para um relaxamento mais profundo, sugiro 10 respirações completas bem-feitas. Experimente agora mesmo.

Tipos de meditação/mindfulness

Existem diversos tipos de práticas de meditação e mindfulness, formais e informais, que acabam por trabalhar com diferentes focos e, consequentemente, podem acionar diferentes áreas do cérebro. Vipāsana, repetição de mantras, meditação transcendental, giro sufi, body scan (leitura do corpo), meditação da compaixão, meditações ativas e zazen são apenas alguns dos nomes e técnicas formais existentes.

Uma classificação de que gosto, baseada na avaliação feita por Dahl, Lutz e Davidson,[32] divide as práticas de meditação em três categorias:

- Atenção, que foca no desenvolvimento da atenção e concentração de diferentes formas, como no corpo, na respiração, em um ponto, em uma palavra, etc.;
- Construção, que se direciona ao cultivo ou construção de qualidades positivas, como valores, ética, gratidão, compaixão, etc.;
- Desconstrução, que, como o nome indica, utiliza a auto-observação para compreender a realidade da experiência e descontruir crenças. A prática da não dualidade ou da meditação no vazio são exemplos de desconstrução.

Vou detalhar aqui cinco tipos de práticas que podem ser facilmente utilizadas e que fazem parte da classificação acima.

Cultivo do silêncio

Todas as práticas têm os seus benefícios, mas o cultivo do silêncio é, para mim, uma que nunca pode faltar. Esta prática tem o potencial de abrir as portas para nos olharmos de verdade, pela auto-observação, e sermos aquilo que realmente somos. O cultivo do silêncio é o canal por onde chega a verdadeira compreensão.

Como praticá-lo?

Procure um local adequado. Estabeleça por quanto tempo vai praticar e, se possível, coloque um alarme para avisar você quando o tempo terminar, assim sua mente não ficará preocupada (pré-ocupada) com esse detalhe. Sugiro uma prática diária de pelo menos 20 minutos de cultivo do silêncio, que também pode ser dividida, com 10 minutos de manhã e 10 minutos à noite. Obviamente, o iniciante pode começar com menos tempo e ir aumentando aos poucos.

Sente-se em uma posição confortável, com a coluna ereta e a cabeça no prolongamento da coluna. Recomendo que feche os olhos – você também pode ficar de olhos abertos, mas isso implica lidar com estímulos visuais, o que muitas vezes limita a interiorização – e volte-se para dentro. Outra opção que você pode experimentar é ficar com os olhos semiabertos, olhando para baixo ou um pouco à frente de onde está sentado. Respire suave e profundamente pelas narinas.

Para ajudá-lo a se concentrar e relaxar, você também pode fazer no início da prática, e sempre que perceber a mente muito agitada, algumas respirações conscientes, como a respiração completa ou outra. Faça alguns ciclos, de 6 a 10, por exemplo, e deixe a respiração voltar ao normal.

Leve a sua atenção para o ar que passa pelas narinas, o ar que entra e o ar que sai. Se vier um pensamento (e virá), não tente evitá-lo nem brigue com ele. Apenas volte a sua atenção para a respiração. Ao surgir um pensamento, você poderá verificar a existência de quatro momentos ou estágios nesta prática: 1) a mente que divaga; 2) a consciência de que a mente divagou; 3) o deslocamento da atenção para a respiração; e 4) a atenção sustentada na respiração. Toda vez que o pensamento surgir, faça a mesma sequência. Esse é um exercício de observação, atenção e concentração. Deve ser feito de forma gentil e sem forçar. Assim, sempre que a sua mente se perder em algum pensamento, você gentilmente a traz de volta. Simples assim.

No desenvolvimento desta prática, você pode mudar o foco da atenção deixando-o em alguma parte do corpo, como no meio das sobrancelhas, ou simplesmente focando o vazio.

Uma coisa que ajuda é criar um ritual, sem, no entanto, ficar preso nele. O ritual ajuda a preparar o terreno, facilitando o desvencilhar dos pensamentos e iniciando o processo de concentração.

Cinco vezes de 1 minuto

Um desdobramento e ao mesmo tempo uma forma de cultivar o silêncio é se dedicar por apenas 1 minuto, cinco vezes ao dia, a esta prática. É o momento de parar de alimentar a mente e se concentrar. É uma quebra, uma parada no pensador compulsivo. E não precisam ser exatos 60 segundos. É um tempo, cerca de 1 minuto (40 segundos, 1 minuto e 20 segundos). O importante é se recolher e se desligar do mundo exterior.

Tão ou mais importante do que fazer essas paradas durante o dia é se lembrar de fazê-las em momentos específicos, ou seja, quebrar a atuação do piloto automático, o nosso fazer e pensar compulsivo.

Uma forma de viabilizar esta prática é escolher sempre o mesmo horário do dia para realizá-la, como ao acordar, antes das refeições, etc. É importante notar que estas cinco vezes de 1 minuto não substituem os 20 minutos diários do cultivo do silêncio.

Concentração auditiva

Esta modalidade de prática de meditação foca toda a atenção nos sons. Pode ser realizada de diversas formas, como ao ouvir uma música, um mantra, os sons da natureza ou qualquer outro. O exercício é apenas ouvir, evitando qualquer julgamento ou classificação daquilo que se ouve. Se vier um pensamento, novamente a atenção deve ser focada no som. Para permitir uma maior concentração, o mesmo procedimento de sentar e adotar uma postura adequada ajuda.

A concentração auditiva pode ser feita antes do cultivo do silêncio, como quando usamos uma música tranquila para iniciar a prática e depois damos lugar ao silêncio, ou como parte dele, quando mudamos o foco da respiração para os sons no ambiente. Podemos ainda nos concentrar no próprio silêncio que está por detrás de tudo, indo além dos sons existentes. Esta última técnica é um pouco mais desafiadora.

Existem descrições dos benefícios que determinados sons podem trazer, mudando nossas ondas cerebrais, com efeitos relaxantes. Eu particularmente gosto do som e do uso das tigelas tibetanas (*singing bowls*). Elas são usadas há muito tempo, em rituais e meditações, principalmente no budismo. Além do som que induz a concentração, as vibrações que elas emitem nos afetam fisicamente. Lembro-me de um trabalho feito pelo fotógrafo japonês Masaru Emoto,[33] que, após falar palavras positivas e negativas em recipientes com água, congelava a água e analisava em microscópio a formação de seus cristais, encontrando formas harmônicas nos cristais da água que tinha sido impactada com palavras positivas e formas não harmônicas nos cristais da água que tinha sido impactada com palavras negativas. Assim, na concentração auditiva, concentre-se, ouça e sinta.

Body scan

Esta técnica coloca o foco da atenção no corpo. Existem muitas variações de sua utilização. Ela pode ser feita praticamente em qualquer posição, mas recomendo que seja praticada sentada, em uma postura confortável e com os olhos fechados.

Inicie prestando atenção na respiração e no corpo como um todo. Sinta o contato do corpo com o chão, com a cadeira, com as roupas. Depois leve a atenção para cada parte específica do corpo. Comece pelos dedos dos pés e então vá percorrendo os tornozelos, as pernas, os joelhos, as coxas, os órgãos genitais, a virilha, o quadril, a barriga, o peito, os braços, antebraços e pulsos, as mãos, o pescoço, o rosto (cada parte dele), as orelhas, o couro cabeludo, a nuca, a coluna, as vértebras, as costas, a base da coluna. É um passeio por cada parte, sentindo-a como se a tocássemos com a mente, com a atenção, com a respiração. E toda vez que perceber qualquer tensão em alguma parte do corpo, simplesmente inspire o ar e expire essa tensão, soltando-a.

Ao finalizar, mexa vagarosamente os dedos dos pés e das mãos e respire profundamente algumas vezes antes de abrir os olhos com suavidade.

Esta prática também pode ser feita no início do cultivo do silêncio, de forma mais rápida, como uma maneira de ajudar no relaxamento e na concentração.

Repetição de mantra, frase, palavra ou som

Esta prática consiste em colocar todo o foco da mente na repetição de algo, que pode ser um mantra, uma palavra, uma frase ou um som. Toda a atenção é direcionada para essa repetição, que pode gerar efeitos cognitivos, quando há entendimento do significado do que se repete, bem como físicos, pelo efeito do som, e espirituais, pela conexão que possibilita.

Mantra é uma palavra em sânscrito que também significa controle da mente. Consiste em uma sílaba, palavra ou verso, presente em algumas tradições espirituais, como o hinduísmo e o budismo, que é uma espécie de oração.

Existem duas formas de realizar esta prática de repetição. Uma é verbalizando. A outra é em silêncio.

Por exemplo, quando você faz a prática verbalizando, especificamente entoando um mantra com o coração, você tem a chance de viver uma experiência de arrebatamento, que é estar além do tempo e do espaço, além dos domínios da mente. O mesmo pode ser experienciado ao se cantar, de forma plena, total, uma música que venha do coração.

A outra forma é a repetição em silêncio, concentrando-se nas palavras e nos sons. Como em outras práticas que buscam a concentração, o exercício consiste em disciplinar a mente. Assim, toda vez que se distrair, você deve trazer a sua atenção de volta ao que está sendo repetido.

Meditação da compaixão

A meditação da compaixão busca construir e cultivar este sentimento e valor no ser humano. Ela é feita a partir de uma sequência, que ajuda neste processo. A prática a seguir foi retirada e adaptada do livro[34] *Acordando para a paz*, de Sri Prem Baba. Trata-se de uma forma da meditação da compaixão do bodhisattva Atisha. Pode ser feita de diversas maneiras e envolve um exercício de concentração e visualização para abertura do coração e sustentação do autêntico altruísmo. Você pode ler toda a explicação abaixo e depois fazer a prática ou iniciar a prática com a leitura do texto e depois fechar os olhos e se concentrar na sua continuidade.

Primeiro, acomode-se confortavelmente.

"Encontre o silêncio e passe a respirar suave e profundamente. Coloque toda a sua atenção no coração – no centro do peito – e visualize-se como um ser de diamante; como um grande iogue pronto para servir ao mundo pela compaixão, gerando o estado propício para a iluminação de todos.

Preencha seu coração com a luz da compaixão. Preencha-o totalmente e o ilumine. Visualize-se sentado sobre o trono de um lótus branco (uma linda flor), situado sobre uma pequena montanha. A montanha é suficientemente alta para que você veja longe. Existe uma longa fila de pessoas que vêm até você. Elas vêm para se render, para levar a luz do mantra Prabhu Aap Jago (mantra que pede pela iluminação de todos, mas aqui pode ser utilizada outra oração ou simplesmente a luz e o amor do seu coração) e a sua bênção transformadora. Elas vêm para se acalmar e se esvaziar da discórdia; para receber a sua oração para a cura de seus corações e para despertar a verdade.

Antes que a primeira pessoa da fila chegue até você, comece a inspirar e a expirar vagarosa e profundamente, com intenções de paz. Conforme as pessoas forem se aproximando, sinta a profunda paz em todo o seu corpo e no ambiente. A respiração vagarosa e harmoniosa traz uma profunda sensação de paz. As pessoas estão se aproximando de você. A primeira delas se coloca a sua frente agora. A sua inspiração começa a puxar a negatividade para fora daquele que se aproxima de você. A negatividade vai diretamente para a luz imaculada da compaixão dentro de seu coração e se transforma em expiração através da claridade abençoada. Essa expiração, docemente perfumada, é abençoada e intensificada pelo mantra Prabhu Aap Jago e é liberada com a luz da transformação, no centro do seu coração.

As pessoas vêm até você, uma a uma. Algumas você conhece e outras não. Vou deixar agora que você cuide daqueles que vierem até você. Receba o sofrimento deles, puxe-o para dentro por meio da inspiração e queime-o na luz da compaixão do seu coração. Expire a bênção de todos os Budas sobre eles, de dentro para fora, e derrame sobre eles a expiração de rosas da bênção do Prabhu Aap Jago.

Cerca de 20 a 30 minutos se passam nessa meditação ativa.

Olhe para as pessoas e você verá que a fila não termina. Elas formam uma fila interminável, que vem do horizonte. Comece a reduzir o cenário de sua visualização, de forma que ele fique um pouco menor agora.

... 1 minuto se passa.

... o bodhisattva (ser que escolheu o caminho da compaixão) está sentado, recebendo a fila interminável de seres, e continua a abençoá-los com o coração repleto de luz da compaixão. A bênção continua dentro de você, com o ritmo de sua respiração natural.

... 1 minuto se passa.

Reduza a cena a uma pequenina estrela no seu coração. Lá, nessa pequenina estrela, que brilha por meio da continuação do mantra Prabhu Aap Jago, a bênção continuará a circular com a roda da vida. (Durante o dia, preste atenção nesse processo e intensifique-o. Retorne à cena no seu coração e ela irá continuar por todo o dia. Quando a noite cair, a cena irá se dissolver no vazio.)

... 1 minuto se passa.

Fique imóvel agora e feche a visualização, calmamente.

... 5 minutos se passam.

Vagarosa e gentilmente, traga a sua consciência de volta para a sala e lentamente abra seus olhos. Preserve a energia do bodhisattva Atisha, que o diamante traz, clara e tranquila, forte e brilhante, dentro de você, à medida que retorna para a sala.

Você pode retornar para o seu coração a qualquer momento do dia e abrir a visualização novamente, permanecendo em seu coração e no corpo do ser de diamante da compaixão por todos."

Disciplina, regularidade, constância e prática em grupo

Uma prática eventual de mindfulness sempre faz bem. No mínimo, ajuda a acalmar e a concentrar. Entretanto, para obter benefícios maiores, é preciso realizar uma prática regular e constante.

Vejo a prática de mindfulness como tomar banho. Tem que ser todo dia, de preferência sem falhas, para não corrermos o risco de cheirar mal. E o que nos faz "cheirar mal" são os nossos pensamentos compulsivos e negativos.

Os diversos estudos científicos sobre mindfulness utilizam em suas amostras pessoas com tempos e tipos de prática diferentes. De forma geral, os melhores resultados são encontrados em praticantes/meditadores com mais tempo de prática e com mais frequência. Parece também haver uma influência maior quando existem períodos mais concentrados de prática, como os que ocorrem em retiros.[35]

A regularidade e a constância dependem da disciplina que nasce de dentro e é fundamental para o desenvolvimento e o crescimento, qualquer que seja. Ela é fruto e ao mesmo tempo alimento da força de vontade.

Sugiro que a prática seja diária, com pelo menos 20 minutos de cultivo do silêncio, e um aumento progressivo até 1 hora por dia, à medida que for possível.

Embora a prática de mindfulness seja um exercício de concentração individual que deve ser realizado todo dia, a prática em grupo também traz diversos benefícios. Existem fatores que a facilitam, como um campo de silêncio criado a partir do hábito das pessoas de cultivarem o silêncio em um determinado lugar. O trabalho em grupo ajuda a criar, mesmo que momentaneamente – durante o tempo em que as pessoas estão reunidas para a prática –, este tipo de campo.

Por isso também sugiro a participação em retiros de um a 10 dias, ou mais, conforme a possibilidade e a oportunidade. Esse trabalho concentrado cria um campo que permite ir mais fundo e usufruir dos benefícios decorrentes da prática de uma forma ainda mais transformadora.

Cada vez é uma vez

Às vezes é muito fácil focarmos a atenção e entrarmos em um estado mais elevado de consciência. Outras vezes é bem desafiador. Isso vai depender de onde estamos, com quem estamos, como nos encontramos internamente, entre outros fatores. Por isso digo que nunca uma prática é igual a outra. E isso não significa que estamos andando para trás ou para a frente. Em algumas ocasiões conseguiremos alcançar um estado de relaxamento adequado, uma sensível ampliação da percepção e da concentração, sentiremos algo que poderíamos chamar de vibração positiva no corpo e até mesmo uma sensação de abertura do coração. Em outras nos limitaremos a pensar bastante e a brigar com os pensamentos. É assim mesmo que funciona. Não temos "controle". Não aceitarmos essa singularidade indica justamente falta de mindfulness, é a mente querendo controlar a experiência.

Ao mesmo tempo, é verdade que quanto mais praticamos, mais facilmente entramos em estados de concentração e silêncio. Entretanto, o problema é a nossa expectativa de chegar a algum lugar. Ela mina a possibilidade de uma boa prática e é um bom sinal de que estamos presos a um pensamento, que é a própria expectativa.

O que nos resta é nos dedicarmos às práticas com inteireza e não as reduzir a uma mera repetição mecânica de algum procedimento. Para isso é preciso ter uma forte motivação e comprometimento. A união destes dois elementos – atitude plena e comprometimento sem expectativas – vai abrindo as portas para a presença.

Uma mensagem para iniciantes

A experiência da prática de meditação e mindfulness é muito particular a cada um, mas, de modo geral, o que vejo é que no começo parece impossível focar toda a atenção e/ou evitar que a mente divague quase o tempo todo. Entretanto, esta fase mais difícil realmente passa quando mantemos a disciplina.

Esta também é uma fase de sensibilização, necessária para que a compreensão do poder de mindfulness possa acontecer, o que dará sustentação para uma grande transformação. A diminuição de pensamentos divagantes acontece à medida que vamos conseguindo nos concentrar mais.

Algo que me ajuda a assumir a postura de testemunha é ver a mente como se fosse um macaco, pulando de pensamento em pensamento de forma frenética. O treino da não reatividade, da pura observação, é a fase seguinte.

Uma notícia animadora é que mesmo um tempo reduzido de prática já permite sentir algo diferente, como mostra uma pesquisa[36] da Universidade da Califórnia, em Santa Bárbara. Com um treinamento de duas semanas, verificou-se uma diminuição da divagação da mente e uma melhora no desempenho cognitivo dos participantes, especificamente a compreensão de leitura numa prova, a capacidade de memorização e a redução da ocorrência de pensamentos de distração durante a conclusão dessa prova.

Outro aspecto importante é que uma pessoa experimente mais de uma técnica para ver em qual se encaixa melhor e mantém a mente mais focada. Também é fundamental que, com o tempo, encontre um espaço de prazer ao praticá-la.

Mindfulness, a natureza e os animais

O lugar ideal para se praticar mindfulness é no meio da natureza. Não é à toa que quase todos os retiros e práticas mais profundas são realizados na natureza ou em locais rodeados por ela. A natureza cria um espaço convidativo à meditação, à contemplação.

Eu particularmente gosto muito de praticar com o foco no som da água, especialmente em um lugar na natureza em que possa ouvir esse som ao fundo, como na praia. Também é muito agradável fazer o cultivo do silêncio ouvindo o cair da chuva.

Temos também a convivência com os animais como uma experiência muito gratificante, que pode ser vista como uma prática informal de mindfulness, principalmente se interagirmos com o animal sem projetarmos nada nele – pode parecer estranho, mas isso acontece, e muito. O animal, em geral, tem um comportamento natural, sem julgamento, no momento presente, o que contribui para o mesmo em nosso sistema. Entendo como comportamento natural aquele que não vem de um pensar compulsivo. Quando estamos interagindo com um bicho, ele pede 100% da nossa atenção. Não é à toa que a convivência com animais é curadora para muitas pessoas. Eles mostram os seus sentimentos sem máscaras. Eles nos lembram da realidade, da atenção focada no aqui e agora, na busca por aproveitar o que a vida tem de bom. Assim podemos apenas aproveitar a companhia do animal e curtir a vida, no momento presente.

Oportunidades "alternativas" de se praticar

Existem muitas possibilidades de se praticar mindfulness juntamente com outras atividades, o que traz benefícios específicos, ajuda no treino da concentração, permite melhores resultados e traz mais qualidade de vida e felicidade. Elas não substituem a prática de formas mais concentradas e profundas (práticas formais), como o cultivo do silêncio, mas funcionam como um treino da atenção e geram muitos benefícios. A base é estar inteiro em cada uma delas, usando o retorno da atenção à tarefa e/ou à respiração sempre que se perceber pensando. Vou citar apenas algumas. Aproveite-as e as inclua em seu cardápio.

Academia e exercícios físicos

Podemos realizar mindfulness na academia, mantendo o foco na musculatura que está sendo trabalhada em cada exercício. Fortalecemos o corpo treinando, melhoramos o desempenho da área trabalhada e, ao mesmo tempo, a concentração da mente. É possível, por exemplo, evitar se machucar se estamos atentos aos nossos limites, aos limites do nosso corpo.

O nosso engajamento aumenta quando temos consciência do motivo pelo qual estamos na academia, dos resultados que buscamos, da importância de manter a respiração adequada em cada exercício, da forma correta de fazer a atividade física – como a postura. Os mesmos benefícios podem ser aplicados quando estamos caminhando, correndo, nadando, andando de bicicleta, jogando bola ou fazendo qualquer outra atividade física.

Cozinhando

Cozinhar é um ato que pode ser totalmente impactado pela nossa presença em diversos aspectos. Na segurança, por exemplo, porque, se cortarmos algum alimento sem atenção, podemos nos machucar. No sabor, pois a prática de mindfulness nos tira de uma produção mecânica, abrindo espaço para a nossa conexão com uma intenção positiva, com uma doação sincera, que modifica a qualidade daquilo que estamos cozinhando, inclusive com a escolha dos melhores ingredientes e combinações que queremos oferecer. A famosa "comida da vovó", que é a refeição preparada com afeição e carinho, possui um paladar diferente. E no comer, saboreando o fruto do cozinhar, dos cheiros, da apresentação dos pratos, dos sabores, com atenção e conexão.

Lavando a louça e limpando a casa

Se estamos mesmo presentes e compenetrados no melhor de nós, lavar a louça pode ser uma ferramenta de mindfulness. Enquanto lavamos, podemos prestar atenção nos formatos dos talheres, pratos e copos ou nas diferentes impressões táteis que cada utensílio nos fornece. Se nos distraímos, ao contrário, não limpamos direito ou deixamos cair e quebrar a louça. É um excelente exercício de presença. Se estamos inteiros, não sofremos. A maior parte do sofrimento, para não dizer todo, vem dos julgamentos e pensamentos antagônicos ao que estamos fazendo.

Em uma pequena e curiosa pesquisa[37] com estudantes universitários, foi pedido a um grupo que lavasse pratos prestando atenção no que estavam fazendo, enquanto um grupo de controle realizou a tarefa sem receber essa instrução. O estudo encontrou resultados positivos nos universitários após o experimento, em comparação com o grupo de controle, como maior estado de atenção e elementos positivos, como inspiração, menos nervosismo, etc.

Se não reconhecemos a necessidade de fazer uma faxina em casa e a limpamos somente por obrigação, geramos um sofrimento completamente desnecessário. O sofrimento não é fruto daquilo que fazemos e sim de como fazemos.

Escovando os dentes e tomando banho

Outra área importante da nossa vida que podemos aproveitar para fazer exercícios de mindfulness é a higiene pessoal. Prestar atenção na escovação dos dentes, sentir a boca sendo limpa, utilizando a técnica que todos os dentistas ensinam, sem aplicar força demasiada, mas ao mesmo tempo sem que nenhuma parte deixe de ser escovada, é um bom exercício. Se fizermos esse ato simples atentos, sem conversar com outra pessoa nem assistir à televisão, ou mesmo sem estar perdidos em lembranças passadas ou expectativas futuras, estaremos driblando uma das principais desculpas ou justificativas para não praticar o foco: a falta de tempo.

Também podemos fazer do banho um ótimo exercício. Sentir o sabonete encostar na pele, a água cair no rosto e se espalhar por cada parte do corpo. Prestar atenção na delícia que nos proporciona em vez de relegarmos o banho a uma ação estritamente mecânica enquanto ficamos pensando em outras coisas. Sem contar a insustentabilidade ecológica, porque o fato de não estarmos presentes nos faz utilizar muito mais água do que o necessário. E, por mais contraditório que pareça, nesse estado de atenção e inteireza é possível que, "do nada", surjam boas ideias e soluções para problemas e desafios que enfrentamos, sem precisarmos ficar pensando a respeito deles.

Dirigindo

Dirigir traz grandes desafios para a atenção. Com a prática, tudo se torna automático, o que é bom por um lado, pois indica nossa natural evolução na atividade em si, e ruim por outro, porque podemos perder a presença que tínhamos no início.

Obviamente, um motorista desatento é o que tem mais chances de se envolver em acidentes. Conduzir um veículo exige atenção e coordenação motora. Motocicletas apresentam uma exigência ainda maior, que é o equilíbrio. Então, se já é desafiador para um carro, imagine para uma moto.

Um curioso e não conclusivo estudo[38] feito nos Estados Unidos e replicado em outros países, como Inglaterra, Canadá e Austrália, revela que nas noites de lua cheia existe uma margem de risco um pouco maior de acidente fatal de moto, sendo uma das possíveis causas a distração momentânea causada pelo fenômeno lunar.

Outro dado comum e atual é a perda da atenção causada pelo uso do celular enquanto se dirige. Boa parte dos acidentes acontecem por falta de atenção e consciência. Existe uma relação direta entre segurança e atenção. Quanto mais atenção, mais segurança, e vice-versa.

Dados[39] de uma seguradora na Inglaterra revelam que cerca de 30% dos acidentes acontecem perto de casa, provavelmente devido ao sentimento de que se conhece o local, o que diminui o nível de atenção dos motoristas.

No Brasil, onde há um grande número de mortes no trânsito e de pessoas que ficam com algum tipo de sequela devido aos acidentes, a atenção no trânsito e o uso de técnicas para cultivá-la ganham ainda mais importância.

Outra oportunidade que temos é usar o trânsito para observarmos coisas que acontecem conosco, como quando somos tomados por sentimentos negativos e nos estressamos. A raiva é bastante fácil de se identificar. É verdade que existe uma série de situações desconfortáveis, principalmente em um grande centro urbano, e essas situações funcionam como convites para perdermos o equilíbrio e a inteligência emocional.

Algo que ajuda a intensificar a atenção é fazer uma respiração completa ao entrar no carro, mesmo que seja apenas uma vez, ou um minuto de silêncio, apenas para criar sintonia com a ação que será praticada. Podemos sentir a nossa presença viva dentro do veículo, por exemplo, pelo contato das mãos com o volante; e, já com o carro em movimento, ficar atentos a tudo o que estiver acontecendo dentro e fora dele, observar os sentimentos que vão passando por nós ao longo do caminho, sem ficar pensando sobre eles. Muitos sentimentos negativos e acidentes poderiam ser evitados com o uso da atenção. Ela é a nossa melhor forma de prevenção.

Lazer e viagens

Podemos usar nossas horas de lazer para praticar mindfulness. Mesmo algo simples, como assistir a um filme, pode ser feito sem ficarmos "viajando" em pensamentos; e ao dançarmos, sentir os movimentos do corpo se harmonizando com a música. Vamos sair com os amigos? Estejamos inteiros, ouvindo cada palavra que sai da boca deles sem ficarmos pensando ao mesmo tempo no que vamos falar a seguir. Ouçamos aquilo que estamos dizendo. Percebamos os detalhes do lugar em que estivermos. Aproveitemos a companhia das pessoas.

Outra grande oportunidade é quando viajamos, pois ir para um lugar diferente quase sempre nos traz o componente da novidade, em que não existe passado nem futuro. O novo só acontece no agora. Viajar nos propicia o treino do olhar aberto, porque mudamos as nossas referências. Essa realidade é amplificada quando colocamos a intenção e a prática da atenção em tudo, mantendo a mente calma e receptiva. Assim obtemos muito mais prazer e alegria na nossa viagem.

Mergulhando

Alguns estudos[40] mostram o impacto positivo da água – por exemplo, morar perto do mar – na nossa saúde, na redução do estresse, na melhora da qualidade de vida, entre outros benefícios. A água, especialmente na natureza, por si só, já é algo especial. Combinar a experiência de mergulhar com mindfulness é muito mais do que isso, é extraordinário. O próprio mergulho é uma experiência de meditação. Estamos literalmente imersos na água, em um espaço de silêncio, sendo que quase sempre o único som que ouvimos é a nossa respiração, com os olhos abertos para admirar o encanto do mundo subaquático. A conta é simples: quanto menos você pensa, mais você vê. O uso da atenção pode alavancar bastante a percepção mágica do mergulho, bem como impactar mais fortemente a nossa experiência positiva do silêncio. E o foco na respiração é perfeito nessa situação.

A técnica de mindfulness também ajuda você a se concentrar no planejamento e nos cuidados necessários para mergulhar com segurança, bem como a diminuir o estresse e o nervosismo que algumas pessoas têm diante do mergulho. Se você costuma praticá-lo, sugiro que experimente acrescentar mindfulness na sua próxima incursão ao fundo do mar.

Tudo serve

Qualquer coisa pode ser usada como um instrumento para nos concentrarmos no momento presente. Uma virada de pescoço, uma respiração, uma oração, um piscar de olhos, um copo d'água. Tudo pode servir para nos voltarmos para o agora. O grande desafio é renunciarmos ao pensar compulsivo, ao costume de contar uma história sobre nós mesmos e sobre os outros. O ego é viciado em contar histórias. A prática de mindfulness serve para cortar esse vício.

Presencificação

Um, se não o maior, obstáculo à realização de uma pessoa em qualquer área é a fragmentação, a existência de diversas partes dentro de nós. A fragmentação impede uma inteireza na ação e, consequentemente, a realização plena daquilo que queremos. Muitas vezes essas forças atuam de forma quase inconsciente e geram frustação e sofrimento.

Embora as contradições sejam normais no ser humano, isto não significa que são boas. Por outro lado, o lugar onde essas forças contrárias são realinhadas pode ser chamado de presença, e o caminho para atingir a presença é o que eu chamo de presencificação. Este termo vem do próprio processo de se alcançar a presença. É estar 100% conectado com o seu propósito e ao mesmo tempo percebê-lo como parte de algo maior, que envolve tudo e a todos.

E como sabemos que estamos no estado de presença?

Ele nos oferece uma sensação de preenchimento no coração através de sentimentos positivos, como uma alegria genuína de saber que, seja qual for o resultado de qualquer ação, está tudo certo, pois fizemos a nossa parte e nos sentimos completos. Nesse estado o amor flui naturalmente.

A presença é um estado em que ocorre uma equanimidade mental, em que o nosso ânimo é sempre igual, tanto na alegria como na tristeza (ou adversidade). É quando naturalmente somos serenos, não importa o que aconteça, pois nada nos perturba.

Como o estado de presença é difícil de ser descrito em palavras, entender o processo para se chegar a ele é uma forma de facilitar a sua compreensão e sua efetiva experimentação. Esse processo, que é a presencificação, está baseado em três pilares:

1. **Mindfulness/Meditação**, com todo o seu conteúdo filosófico/científico e, principalmente, suas práticas;
2. **Autoconhecimento** – a compreensão do que existe dentro da gente, as diversas partes e fragmentos, algo que vai além de um entendimento puramente racional, envolvendo também os sentimentos e as emoções. Traz a possibilidade, pelo conhecimento, de transformação, ressignificação e unificação deste conteúdo;
3. **Propósito e ética** – estão relacionados com o que fazemos e por que o fazemos, direcionados de forma positiva e motivadora.

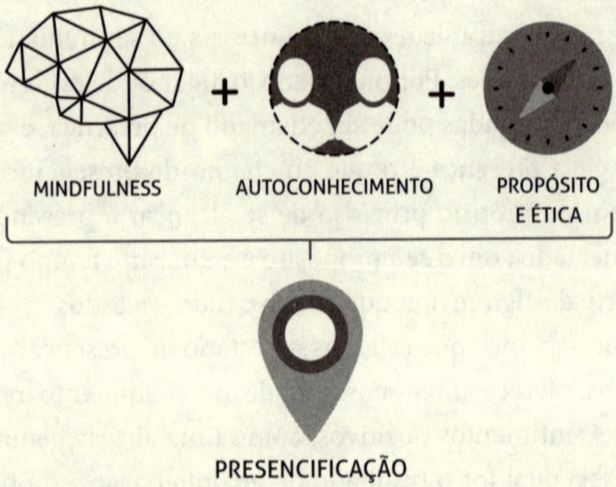

Quando completamos o processo de presencificação, estamos na presença e somos senhores de nós mesmos, fazendo apenas escolhas positivas. Esse estado é 100% inclusivo. As palavras são limitadas para explicá-lo, embora a sua aferição seja bem objetiva, verificada por um profundo e contínuo sentimento de preenchimento/alegria e de unidade.

Por que criar um novo termo

Mindfulness possui uma ampla gama de significados. Uns consideram que seja um estado, uma condição que atingimos ao praticá-lo; já outros veem mindfulness principalmente como um conjunto de práticas; uns ainda consideram que seja um trabalho especificamente ligado à questão da atenção; outros tratam um pouco da questão cognitiva; há autores que focam sobretudo os exercícios que podem ser feitos a partir do cotidiano do praticante, e há também aqueles que entendem que seu fundamento e sua substância podem criar oportunidades para se chegar a trabalhos mais profundos, que incluem a espiritualidade.

Criei o termo "presencificação" para tentar colocar de maneira mais clara o processo de se atingir o estado de mindfulness e meditação na prática – obviamente, dentro da minha visão – e para tornar mais acessível a compreensão de todas as variáveis que encontramos no caminho rumo a esse estado de presença, capaz de levar à alta performance, à autorrealização e à tão almejada felicidade.

Nesse caminho é necessário recorrer à prática de muitos exercícios de foco da atenção para que a presencificação se torne um estado natural, para estarmos completamente abertos ao novo o tempo todo, da mesma forma que respiramos. No estado de presença não estamos bloqueados por nada, nem subordinados ou presos a nenhum tipo de pensamento ou aspecto do ego. Como já falamos bastante sobre mindfulness/meditação, que é o principal foco deste livro, vou esclarecer aqui um pouco mais os dois outros componentes da presencificação. Ainda cabe dizer que entendo que o estado profundo ou total de mindfulness/meditação é o mesmo que a presença em si e, portanto, inclui também autoconhecimento, propósito e ética, ou seja, todos os elementos da presencificação.

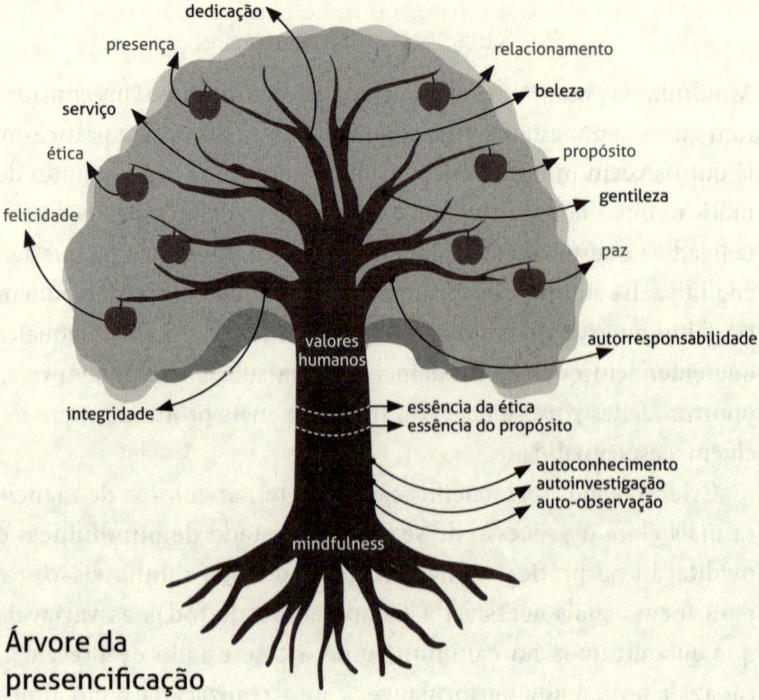

Árvore da presencificação

AUTOCONHECIMENTO E PRESENCIFICAÇÃO

A presencificação, além de mindfulness, necessita de um profundo autoconhecimento, que nos permite compreender não só cognitiva ou intelectualmente, mas também no nível dos sentimentos, sensações e emoções, as diversas camadas e aspectos que constituem a nossa psique.

Um exemplo são as próprias dificuldades e resistência que temos durante o estudo e a prática de mindfulness. Elas servem de pistas de pensamentos e comportamentos condicionados que necessitam de autoconhecimento. Quando silenciamos, propiciamos a auto-observação e começamos a nos dar conta de histórias que se repetem em nossa mente e nos impedem de concentrar a atenção. Esses pensamentos – que também podem ser vistos como vozes –

não estão ali à toa, e sim para nos dar algum aviso de que há algo importante a ser trabalhado internamente. O que mantém sua circulação repetitiva em nossa mente é justamente a sua ligação com sentimentos reprimidos ou negativos que mantemos guardados fora do alcance de nossa consciência.

Mindfulness vai nos ajudar, primeiro, a nos distanciarmos dessas vozes. Precisamos identificá-las sem nos identificarmos com elas. Essa distância nos revelará que por trás da compulsão de pensamentos existe um observador. E se podemos observar os pensamentos, compreendemos que eles acontecem dentro de nós, mas não são o que compreendemos como "nós". Aos poucos, como cientistas de nós mesmos (falarei mais sobre isso à frente), vamos investigando, elaborando e liberando sentimentos atrelados a memórias biográficas.

O tema do autoconhecimento é extremamente vasto. Aqui vou trazer apenas algumas reflexões. Por exemplo, quando nascemos, nossos pais nos dão um nome. Os meus me batizaram de Eduardo. Mas qual é meu verdadeiro nome? O nome pelo qual sou designado indica realmente quem eu sou? Pode parecer estranho, mas será que o nome que alguém nos dá faz com que sejamos aquilo que ele significa? Algo que está carregado de uma bagagem genealógica, social e cultural, além, é claro, das projeções pelas quais os pais imaginavam moldar um "Eduardo" aos seus anseios, sonhos e vontades, inclusive os não realizados? Quem seria o "Eduardo" sem essas projeções? Quem seria você sem as projeções dos seus pais, da sociedade, do seu meio? Somos colocados dentro de certas formas, que tentam modelar até o que devemos ou não devemos sentir. Existe algo em mim além desse pacote? Algo único? Como saber disso?

Vejo que estamos presos em sentimentos negativos porque os tememos, já que acreditamos que não os suportaremos se os trouxermos à consciência. E é essa prisão que nos impede de viver outros sentimentos, inclusive e principalmente os positivos, de forma plena. Robert Fisher, em seu belo conto sobre o cavaleiro preso na armadura, aponta que o cavaleiro, para abrir mão da sua armadura, que o impede de sentir, precisa, entre outras coisas, passar pelo palácio do silêncio. Esse silêncio nos ajuda a entrar em contato com os nossos sentimentos, que nos levam a outros pensamentos e a nos conhecermos melhor.

Para nos guiar no caminho do autoconhecimento, algumas perguntas ajudam a avaliar o que sabemos a respeito do nosso mundo interno: O que eu realmente quero para mim? O que eu sinto? O que me gera insatisfação? Onde percebo que não sou tão bom quanto gostaria? Onde tenho falhas? Quais são meus sentimentos de impotência ou de inferioridade? Quais são minhas incoerências? O que eu faço diferente daquilo que falo? O que eu falo diferente do que penso? O que eu penso diferente do que sinto? Quais são meus principais dons e talentos? Quais são minhas características positivas? O que valorizo e gosto de verdade? Quais são meus valores – aquilo a que dou importância e que direciona o meu comportamento? Como e por que eu escolho de determinada forma?

Todas essas questões aos poucos nos amadurecem para que possamos desembocar nas duas principais perguntas da nossa existência: "Quem sou eu?" e "O que eu vim fazer aqui?". Estas questões nos levam ao campo do sentido da vida e, dependendo da interpretação, da espiritualidade.

Propósito, ética e presencificação

Além de mindfulness e autoconhecimento, para estarmos presentes com totalidade, precisamos ter clareza do nosso propósito e estar conectados com a ética. Na verdade, entendo que ambos são fruto do autoconhecimento, mas gosto de separá-los para lhes dar um maior destaque devido à sua importância.

Estamos falando em conhecer com clareza qual é o nosso propósito, ou seja, o sentido da nossa vida, e assim agir de forma ética. Ética é a reta razão, é fazer o bem para si e para os outros. É ter uma ação positiva, com consequências benéficas e construtivas, baseada em uma intenção positiva. É nutrir o sentimento de conexão com tudo e todos. É caminhar para perceber que somos parte de um todo – uma unidade na totalidade. Propósito e ética estão ligados a essa concepção de unidade interior – com nós mesmos – e exterior – com tudo e todos.

Por isso, quando aliamos propósito e ética ao autoconhecimento e a mindfulness, estamos falando de presencificação, de atingir a presença, de estar atentos, conscientes, plenamente presentes, conectados a nós mesmos e a tudo ao nosso redor. Esse é o estado unificado.

Veremos mais sobre autoconhecimento, propósito e ética ao longo deste livro.

Autoperformance

"Só há um lugar para você procurar pelo seu melhor. E esse lugar é dentro de si mesmo."

Uso a frase acima para ajudar a explicar outro conceito que trabalho, a partir de uma ressignificação dessa palavra, que é o conceito de autoperformance. Para mim, autoperformance significa trabalhar a performance voltada para dentro. Quanto mais trabalhamos nossas questões internas, mais podemos evoluir nelas, o que vai refletir posteriormente na nossa performance no ambiente externo. A autoperformance conduz à alta performance. Mas o que é aumentar a performance em nós mesmos? É estar mais capacitados a buscar a nossa real felicidade, que deve estimular e direcionar o nosso desempenho.

Tudo começa na capacidade de perceber melhor a nós mesmos, a realidade que nos cerca e o que efetivamente queremos. Autoperformance significa entender profundamente como funcionamos e nos relacionamos, e utilizar plenamente o nosso potencial.

Ela acontece e deve ser direcionada para os três pilares da presencificação: mindfulness, autoconhecimento e propósito/ética.

Ou seja, terei mais autoperformance quanto mais eu for capaz de me desenvolver em cada um desses três pilares, o que mostra a relação direta entre autoperformance e presencificação. E a autoperformance é o caminho para gerarmos alta performance, que é desempenhar a função (performance) da melhor forma possível, obtendo consequentemente melhores resultados. Envolve muitas competências e ocorre quando utilizamos o nosso potencial além do que é "padrão" para nós.

Um subproduto da autoperformance é o autodomínio, que significa ter controle sobre si mesmo, sem se perder em pensamentos e aspectos negativos da nossa personalidade, sendo capaz de fazer valer a própria vontade, de forma positiva. A inteligência emocional, por exemplo, é outro subproduto da autoperformance.

E o que não é autoperformance? É pensar compulsivamente, é não se conhecer profundamente, é reagir no piloto automático, é não saber o que de fato o motiva, é não ter autodomínio.

Os seis valores e a autoperformance

A autoperformance, que, como apontei, está relacionada com o desenvolvimento dos três pilares da presencificação, é baseada principalmente em seis valores que são usados em conjunto, pois um complementa o outro. São eles: integridade, autorresponsabilidade, gentileza, dedicação, serviço e beleza.

1. Integridade

Integridade é falar e fazer o que se pensa e se sente, sendo honesto nas palavras e nas ações. É o alinhamento entre pensamento, sentimento, palavra e ação e está intimamente ligada a ética. A integridade engloba honestidade, clareza, verdade e transparência. Revela o comprometimento com a verdade e com o que é bom para todos, mesmo se essa verdade acionar os nossos medos. Essa transparência significa o fim das máscaras, das mentiras, dos jogos de poder e de acusações. Não é possível evoluir sem honestidade, sem verdade, sem integridade. A integridade desemboca na autorresponsabilidade.

2. Autorresponsabilidade

Autorresponsabilidade é encarar que o problema é meu. Sou 100% responsável por tudo o que me acontece. E eu estou onde eu me coloco. Isso significa que eu decido o que faço a partir de qualquer fato que aconteça, por pior que ele pareça ser. A autorresponsabilidade traz discernimento e cessa imediatamente o jogo de acusações e o vitimismo, que são as principais distrações que evitam a autoperformance. Ninguém muda/evolui ou é capaz de colocar em prática os seus talentos sem autorresponsabilidade verdadeira. Se eu realmente entendo que tudo depende de mim, só existe uma coisa a fazer: aquilo que precisa ser feito. Por isso a autorresponsabilidade é a base fundamental da maturidade, do genuíno crescimento.

3. Gentileza

Gentileza é o que permite irmos em frente e sermos capazes de lidar com as dificuldades. É o tempero que facilita a integridade e a autorresponsabilidade e torna os relacionamentos mais harmoniosos e produtivos. A gentileza permite a inclusão e só se manifesta quando você é capaz de ter empatia. Você só pode ser gentil com o outro se primeiro for gentil consigo mesmo, particularmente com suas falhas e competências ainda não desenvolvidas. Gentileza caminha junto com atenção, respeito, compaixão, cooperação e ajuda. A gentileza inspira, motiva, une e fortalece, sendo uma base positiva para a dedicação e o serviço.

4. Dedicação

Dedicação é estar inteiro e dar o melhor de si. Significa se lembrar constantemente e se render àquilo que precisa ser feito, colocando toda a sua força de vontade no cumprimento dessa meta, sem ficar exigindo outras condições, ou seja, sem "só faço se for assim". É escolher usar os dons e talentos e dar o melhor de si para você mesmo e para os outros. Dedicação está intimamente ligada a propósito e demonstra confiança, compromisso, lealdade, inteireza, disciplina e obediência.

5. Serviço

Serviço é o resultado do servir, do se colocar a serviço do outro. É agir para ajudar e não para ganhar algo em troca. É ter um propósito que vai além do próprio interesse egoísta, funcionando como um veículo para que o melhor chegue aos outros, e, consequentemente, a si mesmo, pela lei da ação e reação. Serviço está relacionado a generosidade e entrega. A prática do serviço talvez seja a oportunidade mais potente de se treinar a doação e a dedicação, transformando sentimentos negativos em positivos e inspirando todos a darem o melhor de si. O serviço transforma o sofrimento em alegria, pois evita que fiquemos focados em nossa personalidade limitada. O serviço, por si só, revela uma grande beleza.

6. Beleza

A beleza é algo que vai além de um simples padrão estético ou de uma forma preestabelecida, de uma referência mental. Normalmente classificamos o belo a partir de algo preconcebido, de padrões ditados por alguém ou um grupo, com uma visão viciada e limitada. Entretanto, a beleza não está presa a nada. Ela é uma porta e ao mesmo tempo um sinal da existência da alta performance, do bom. A beleza inspira e traz sentimentos positivos, por um lado, e mostra que algo está sendo bem-feito, por outro. A beleza torna uma tarefa mais agradável e estimulante, e a capacidade de enxergá-la exige uma atenção que reforça o potencial positivo de cada um. A beleza inclui autoconfiança, limpeza, estética, abertura, ordem, organização, fluxo, equilíbrio e harmonia. Isso não é uma fórmula, pois a beleza é livre de formas. Estar aberto e ser capaz de perceber e cultivar o belo é também um sinal de amadurecimento.

Mindfulness e autoconhecimento

O piloto automático é o mecanismo do qual o ego se utiliza para que não prestemos atenção nas coisas e pessoas externas, bem como nas internas. Isso pode significar não perceber o que acontece conosco de verdade, e, consequentemente, não saber o que devemos pensar, sentir, falar e fazer. Quem sustenta o piloto automático é o pensador compulsivo.

Quando estamos submetidos a esse mecanismo, deixamos de prestar atenção no que realmente vai alimentar a nossa alma e gerar relações mais gostosas, bem como no que vai fazer com que possamos ser mais criativos e felizes, produzindo mais e melhor.

Objetivamente, quando agimos no automático, por termos uma atitude reativa, é fácil fazer bobagens e prejudicar a nós mesmos e outros, criando situações que geram sofrimento desnecessário. Nessas condições, não somos o melhor de nós nem buscamos o que é melhor para nós. E aqui cabe uma importante reflexão: se no piloto automático agimos de forma reativa, sem atenção, isso significa que não estamos no comando de nossa mente, cérebro e corpo. Mas, se não estamos no comando, quem está? E você consegue ver a atuação do piloto automático em você? A reflexão sobre essas duas questões pode ser o início de um caminho de autoconhecimento.

Cientista de si mesmo

Uma forma de responder às perguntas anteriores é fazer uma profunda pesquisa interna. Por exemplo, será que tudo o que está sendo colocado neste livro é verdade? Como saber? Investigando. Onde? Dentro de si. Um papel importante que cada um de nós pode e deve realizar é ser um cientista de si mesmo. Isso significa observar, investigar, verificar, questionar, analisar, testar, avaliar a coerência, refletir, testar novamente, observar mais, até encontrar o que é real e o que não é; até chegar a uma clara e verdadeira compreensão de si mesmo, que é algo cumulativo e que vai acontecendo aos poucos.

A prática de mindfulness ajuda nessa pesquisa interna, pois possibilita uma profunda auto-observação. Ajuda a lidar com todos os desafios internos, com os sentimentos difíceis e não agradáveis, com as nossas resistências. Ajuda a lidar também com os desafios externos, com as situações e a realidade que a vida nos traz. Um interessante estudo,[11] que dá suporte a esta lógica, aponta que mindfulness nos permite ter maior clareza em relação a nós mesmos, às nossas crenças sobre quem somos, e isso gera um maior bem-estar psicológico.

Mindfulness é o caminho para estarmos no presente e para sermos capazes de desembrulhar o que pode ser de fato um "presente" – aqui no sentido de algo que nos é dado para o nosso bem, para a nossa evolução –, se estivermos focados em cada momento. Experimente checar como você funciona, quem você realmente é, mas com os olhos limpos, abertos, livres e atentos, como os de um bom cientista.

Onde quase sempre tudo começa

Tudo começa no começo. Num determinado dia nascemos. Como crianças, para nos mantermos vivos, dependemos totalmente de outra pessoa, no caso, nossos pais ou responsáveis. Precisamos de alimento, abrigo, cuidados, segurança, amor. Nessa fase, somos basicamente instintivos e emocionais, desejando e necessitando de sentimentos positivos, de amor. E como é que uma criança percebe que está recebendo amor? A partir do tipo de atenção que os pais ou responsáveis dedicam a ela. A atenção é o termômetro que a criança utiliza para saber se está sendo amada.

No início, antes de certos sistemas de defesa mentais serem criados, ela pede atenção de forma direta o tempo todo. Chorando, gritando, puxando, fazendo graça, de mil formas e sem nenhuma vergonha. A criança sabe que amor e atenção são uma coisa só. Entretanto, aqui surge um grande desafio. A criança tem necessidade e pede por um amor exclusivo. Só que os pais ou responsáveis não conseguem dar essa atenção completa, em todos os momentos, inclusive não compreendendo muitas vezes com precisão o que está se passando com ela. Por exemplo, às vezes não sabemos se a criança está com dor de barriga, se está com fome ou se está só fazendo manha.

Por melhores que sejam os pais, os filhos (todos nós) quase sempre carregam sentimentos inconscientes de que não receberam todo o amor que precisavam ou desejavam. Quando crescemos nos esquecemos dessa "carência", mas vivemos o tempo inteiro nos relacionando com as pessoas e com o mundo ambicionando receber esse amor, em forma de reconhecimento, de nos sentirmos importantes e valorizados. Muitas vezes substituímos a necessidade do sentimento em si por símbolos. Precisamos que o mundo aprecie as roupas que vestimos, o corpo que esculpimos. Desejamos ser sempre os mais "lindos, fortes, magros, inteligentes", qualquer coisa que, na nossa visão, nos dê destaque e nos preencha com sensações similares à afeição. Buscamos estereótipos de perfeição como um meio de receber o que queremos. É óbvio que não admitimos, nem para nós mesmos, que nosso objetivo principal nos bastidores de todas as nossas atitudes é ser amados. Até porque isso é muitas vezes considerado, pela mente adulta, intelectualizada e pseudomadura, como algo infantil, brega, fora de moda. Dentro do conceito de projeção da psicologia, projetamos nossa relação com os pais nas pessoas que encontramos ao longo da vida, tentando mudá-las para que nos deem toda a atenção e o amor que acreditamos não ter recebido originalmente.

Assim, carregamos feridas emocionais vindas de fatos – reais ou não, mas os quais entendemos desta forma –, de choques de desamor, como rejeição, abandono, humilhação. Esses sentimentos profundos, que tivemos principalmente na primeira infância, de 0 a 7 anos, acabam sendo jogados no inconsciente, mas influenciam basicamente tudo o que iremos escolher e fazer no futuro. Adotamos comportamentos que demonstram a existência dessas feridas e a busca por uma compensação. A dor causada por esses sentimentos normalmente é muito profunda, pois para a criança é como se ela fosse ser aniquilada por eles. Para se defender, ela cria diversos mecanismos, como amortecedores, que geram traços em sua personalidade. A carência emocional, a incoerência, a dificuldade e a falta de uma real conexão consigo e com os outros, os acessos de ódio, o amar e odiar ao mesmo tempo, a violência são apenas alguns sinais de sua existência.

Por outro lado, é curioso como temos a tendência de simplificar a nossa história e não refletir a respeito dessas marcas. Os próprios mecanismos de defesa geram esse comportamento, pois acreditamos não suportar novamente a dor que sentimos no passado. Este é um tipo de reflexão impossível de ser forçado, por conter tanto memórias objetivas e pragmáticas como outras que estão ligadas a sentimentos dolorosos e que temos muita dificuldade de acessar. Não é algo que se resolve apenas com a "razão", pois envolve aspectos emocionais profundos e, muitas vezes, ocultos.

É dessa realidade que nasce o piloto automático, aquele que reage. E por trás de uma atitude reativa pode estar uma (falsa) vítima – a que está dentro de nós.

A VÍTIMA QUE NOS HABITA

Nessa realidade, a base da nossa psique se apoia num estado de vitimização, que diz que o outro nos fez assim, que é o responsável pelo nosso sofrimento, que é uma ameaça e que nos deve. Isso, na prática, outorga um tipo de poder ao outro, que sempre "nos deve e nos faz sofrer" e tira poder de nós. Na verdade, nós é que tiramos de nós mesmos o nosso poder, agindo assim. Se alguém toma uma atitude contrária à nossa vontade, automaticamente aciona a nossa "vítima" e o nosso ódio, que se expressa de várias formas, das mais grosseiras às mais sutis.

Todo movimento positivo começa na ação. Conforme a terceira lei de Newton, é ação e reação, e não reação e ação. Só que, como estamos vivendo entorpecidos no modo "piloto automático", nos movimentamos quase sempre a partir da reação a algum estímulo, o que alimenta a sensação de vítima da qual muitos de nós somos acometidos: "O mundo me deve, precisa me pagar. Aí, sim, se me pagar, talvez eu dê alguma coisa em troca." Entretanto, não tem como esta equação dar certo, pois não estamos respeitando a ordem natural das coisas, que é ação e reação.

Uma forma de entender a vítima e o jogo de acusações é vê-los como o inverso da autorresponsabilidade. É impressionante como a vítima gera pensamentos negativos.

Todos os sentimentos reprimidos, a vítima que nos habita, as emoções negativas, geram uma dificuldade de nos relacionarmos positivamente, de ter intimidade real com as pessoas, reforçando a falsa ideia de que estamos sozinhos e desamparados neste mundo e que precisamos nos defender de tudo e de todos – novamente a vítima, que é o grande jogo do nosso ego.

Comparação e sofrimento

Um pensamento e mecanismo mental muito recorrente em nós é o da comparação. Olhamos para o outro e nos comparamos. Às vezes nos colocamos acima, às vezes abaixo. E isso sempre é sinal de que algo está faltando em nós, que é exatamente o que nos motiva a nos compararmos.

A comparação é um julgamento, uma classificação, uma distração gerada pelo sentimento de inferioridade, pela crença em que o outro é melhor. E a mente ou o ego quer provar o contrário. Se quer provar é porque, no fundo, acredita que não é verdade, senão estaria calma e não precisaria provar nada. Assim, podemos ver que a comparação é uma forma de competição, já que no fundo queremos ser melhores que o outro, pois assim acreditamos que teremos valor. Entretanto, ela nasce de um pensamento de falta, de acreditarmos sermos menos. A comparação é um pensamento e um hábito tão arraigado na nossa mente que podemos chamá-la de vício, o vício de comparar. Como todo vício, principalmente no início, exige bastante atenção e um tanto de força de vontade para dissolvê-lo. Especificamente, requer duas ações: por um lado, não dar atenção a este pensamento, e, por outro, investigar as suas causas.

A comparação é uma fórmula perfeita, infalível, para o sofrimento, pois sempre encontraremos alguém que acreditamos ser ou ter algo mais do que nós, e por isso iremos sofrer, julgando-nos inferiores.

O contrário da comparação é um sentimento de igualdade, da mesma forma que o inverso da competição é a cooperação. Na igualdade sabemos que somos iguais, como na cooperação buscamos um objetivo comum. Em ambas nos sentimos bem. Estamos abertos para ajudar e desejamos o melhor para o outro, pois reconhecemos a unidade e escolhemos caminhar nesse sentido, que é o sentido de mindfulness.

Prazer no negativo

Aqueles que vão mais a fundo no autoconhecimento conseguem descobrir o que chamamos de prazer no negativo, que é um prazer distorcido. Ao invés de buscar e ter prazer em coisas boas e positivas, uma parte em nós gosta de situações e emoções negativas. A grande maioria das pessoas pode achar isso um absurdo, mas um exame minucioso de nossas ações nos fornece dados que diminuirão a surpresa causada por tal conceito.

Um exemplo simples, que é mostrado em um estudo,[42] é ter prazer quando vemos alguém que invejamos passar por uma situação ruim. O gosto pela violência, em ver outra pessoa sofrer, também mostra a existência desse prazer. Manter uma relação conturbada, como a que vemos em alguns casais, num redemoinho de acusações mútuas, também é um sinal. Há um lado nosso que anseia, que deseja repetir essa cena. Com atenção, podemos sentir o nosso corpo pulsar com energia nessa briga, pois essa é uma forma de sentir o prazer negativamente orientado.

Além do prazer em ver o outro sofrer, esse prazer também se revela no nosso próprio sofrimento. Em algumas pessoas esse padrão negativo pode ter se instalado na psique durante a infância, como uma forma de protesto aos pais ou fatos pelos quais passaram, querendo provar que a vida foi injusta com elas, e então se punem e acabam sentindo prazer nesse movimento. Outros insistem em uma situação negativa como uma forma de forçar os "maus pais" a se tornarem "bons pais", adotando uma atitude de submissão a uma situação ruim ou o vitimismo, como que forçando a vida a lhes dar aquilo que querem. Se acostumam e novamente acabam sentindo prazer nesse comportamento.

A mente humana também pode buscar o prazer negativo por acreditar que esse elemento, por mais insano que pareça, pelo menos dá prazer. Um exemplo disso é o resultado de um pequeno estudo[43] feito por pesquisadores da Universidade da Virgínia, nos Estados Unidos, que descobriu que a maioria das pessoas parece preferir fazer algo, ainda que seja negativo, a ficar sem fazer nada. No grupo testado, cada indivíduo ficou isolado em um quarto, entre 6 e 15 minutos, sem nada a fazer, e muitos preferiram administrar choques elétricos em si mesmos a ficar sozinhos com seus pensamentos.

O prazer no sofrimento, nosso e dos outros, é mais um dos componentes que sustentam o modo piloto automático, pois somos influenciados por esse desejo negativo sem ter consciência dele; com a mente ocupada, passamos a agir de forma condicionada, sem estar presentes e atentos, com a mente presa no passado e ansiando por um resultado no futuro.

A prática de mindfulness nos ajuda a ver essa realidade de forma mais ampla, identificando as intenções por trás das nossas ações, pois estamos focados no momento presente. Isso permite uma mudança no sentido de escolher e agir a partir do prazer positivamente orientado, que nasce da calma, da paz, da ética e do que é bom para nós mesmos e para os outros. Nesse estado, somos capazes de ficar sozinhos e aproveitar a nossa própria companhia.

Pensamento gera pensamento e sentimento

Na minha experiência e observação interna pude constatar que um pensamento puxa outro. Em algumas situações bem específicas, esse mecanismo pode ser positivo, como na criatividade e na resolução de problemas.

Entretanto, na grande maioria das vezes, isso significa ficarmos presos na mente, gerando estresse e sentimentos negativos. Se você quiser conferir, além da própria auto-observação, existe um tipo de exercício que consiste em falar ou escrever tudo o que estamos pensando de forma livre, sem qualquer julgamento ou filtro e sem parar. Se gravarmos o que falamos e posteriormente ouvirmos, ou se escrevermos e posteriormente lermos o que escrevemos, vamos constatar a loucura que é a mente, como os pensamentos são desconexos, mas, ao mesmo tempo, como um leva a outro.

Além de perceber que o diálogo com um pensamento leva a outros pensamentos, podemos verificar que os pensamentos geram sentimentos. Praticamente todos – ou todos – os sentimentos negativos nascem de pensamentos. Este segundo ponto é mais delicado de perceber e entendo que exige uma maior capacidade de atenção, auto-observação e autoconhecimento.

Esquecimento e amortecedores da consciência

A falta de atenção é a maior porta aberta para o esquecimento, que talvez seja um dos principais problemas do ser humano. Nós nos esquecemos do que é importante, do que queremos, do que viemos fazer neste mundo.

E um aspecto que contribui bastante para o esquecimento, sendo muito importante dentro do autoconhecimento, são os nossos amortecedores, ou seja, o que nos tira do entendimento de quem somos e do que precisamos naquele momento específico. Esses amortecedores, como o próprio nome diz, servem para amortecer a consciência, anestesiando a "mente racional" e os sentimentos dolorosos que carregamos. Eles basicamente funcionam assim: sempre que uma pessoa é desafiada a lidar com sentimentos com os quais não se sente madura para lidar, ela tenta se anestesiar para não sentir. E ela pode fazer isso usando vários meios, como a comida, o consumo, a fofoca, a fala, a competição, a distração, o trabalho, a internet, o sexo, a pornografia, entre muitas outras coisas que podem se tornar compulsivas e automáticas. A incapacidade de lidar com os sentimentos também serve como um convite para que o piloto automático assuma o controle, limitando e rebaixando a consciência.

A distração, que os amortecedores também trazem, e a incapacidade de focar são um mecanismo do nosso ego para não enxergarmos os sentimentos que o sustentam e assim, inconscientes de sua existência, não podermos transformá-los. Pois não somos capazes de transformar absolutamente nada de que não tenhamos consciência. Não conseguimos curar uma doença sem estar conscientes dela. Toda falta de equilíbrio é considerada uma doença, mas o ponto que eu gostaria de ressaltar é que precisamos focar a realidade para ter clareza de nossas escolhas, desde os pensamentos e emoções que vamos cultivar até as ações que serão geradas a partir delas.

A nossa resistência em olhar para dentro e investigar a motivação por trás de certas atitudes vem da dificuldade em aceitar algumas características que tememos e acreditamos que possam repelir as pessoas, até porque temos a falsa ideia de que só nós portamos determinadas imperfeições ou peculiaridades normalmente condenáveis. Então não queremos nem olhar, com receio de nos sentirmos pior do que já nos sentimos em certas circunstâncias. É uma proteção que talvez, em determinado momento do desenvolvimento pessoal, tenha sido necessária. Para uma criança pequena, abstrair-se de compreender alguns acontecimentos é um meio de se proteger para poder suportar uma condição adversa de exclusão, de sofrimento ou de humilhação que pode ter sido vivenciado na primeira infância.

Apesar de esse contexto não ser mais realidade no momento atual, pois não somos mais crianças, para a quase totalidade das pessoas o mecanismo de defesa é mantido, congelado, apoiado por amortecedores, e se torna um grande impedimento para a capacidade de foco.

A prática de mindfulness nos dá a oportunidade de conhecer os nossos amortecedores e de escolher evitá-los, focando e se lembrando do que é importante e bom para nós e para todos, neste exato momento.

Circuitos neurais

Fisiologicamente, as crenças podem ser vistas como vias neurais, ou seja, conexões entre uma determinada cadeia de neurônios, que se fortaleceram devido ao uso contínuo. A lógica de formação de um circuito neural, e a própria lógica da neuroplasticidade, pode ser vista da seguinte forma:[44] no cérebro, as sinapses – que são responsáveis pela transmissão das informações de uma célula a outra – são separadas por espaços vazios chamados de fenda sináptica. Quando ocorre um pensamento, uma sinapse dispara uma reação química através da fenda sináptica para outra sinapse, construindo assim uma ponte por onde passa um sinal elétrico que carrega a informação do pensamento. Conforme essa descarga elétrica acontece, as sinapses ficam mais próximas, para diminuir a distância que a descarga elétrica precisa percorrer. Com isso, se fortalece um circuito neural, bem como o próprio cérebro se altera fisicamente para permitir que as sinapses aconteçam e o pensamento se propague com mais facilidade.

Assim, quanto mais pensamos de uma forma, mais fortalecemos aquele circuito neural específico. É como se fôssemos construindo várias estradas dentro do nosso cérebro. Quanto mais usarmos um caminho, repetidamente, maior será o reforço e o fortalecimento dessa conexão neuronal em particular e maior a velocidade com que a percorreremos. Essa é a gênese dos comportamentos condicionados. Por outro lado, se interrompermos o uso de algum desses caminhos, aos poucos vamos enfraquecê-lo, atrofiá-lo. O circuito não desaparece, mas definha. Igual a um músculo. Entretanto, redirecionar um hábito não é simples. O hábito é algo muito poderoso.

Não dá para sermos felizes e plenos se estivermos presos e dominados por circuitos neurais construídos a partir de defesas dos traumas, medos e emoções negativas. É preciso irmos além deles.

Vícios

O que é o vício? O vício pode ser definido como uma doença crônica do sistema de recompensa cerebral, motivação, memória e circuitos relacionados. A disfunção nesses circuitos leva a manifestações biológicas, psicológicas, sociais e espirituais características. Isto se reflete em uma busca patológica, de forma quase impossível de resistir, do uso de substâncias – como drogas, cocaína, maconha, álcool, cigarro, comida, etc. – e certos comportamentos – como sexo desequilibrado, violência, atitudes negativas, etc. – que promovam um alívio desse desejo. O vício pode ser caracterizado pela presença de alguns elementos, como incapacidade de abstenção consistente, comprometimento do controle comportamental, desejo, percepção reduzida de problemas significativos e das consequências geradas pelos nossos comportamentos nas relações interpessoais, e uma resposta emocional disfuncional. Como outras doenças crônicas, o vício geralmente envolve ciclos de recaída e melhora. Sem tratamento ou envolvimento em atividades de recuperação, o vício é progressivo e pode resultar em deficiências e até em morte prematura.

Estamos falando da dependência de uma substância ou de um comportamento que domina o nosso processo decisório. Isso vale para qualquer idade, mas tem um impacto ainda maior na infância e na adolescência, pois a morfologia, a conectividade e o funcionamento do cérebro, em especial o córtex pré-frontal, ainda estão em processo de maturação, e a exposição precoce ao uso de substâncias e a certos comportamentos é um fator significativo e ainda mais impactante no desenvolvimento do vício.

Outra forma de compreender os vícios é entender como os hábitos são criados. Normalmente existem três componentes na formação de um hábito: um gatilho ou sinal, uma rotina e uma recompensa. Conforme isso se torna cada vez mais automático, é criada uma poderosa relação entre o gatilho e a recompensa, gerando uma vontade de antecipação/desejo. Desta forma nasce um hábito, que pode ser positivo ou negativo. Quanto mais forte é um hábito, e quanto mais ansiamos pela recompensa que ele nos traz, mais esse hábito se aproxima de um vício.

Ao longo do tempo, os hábitos podem se tornar tão arraigados que começamos a acreditar neles. Se você costuma se deixar levar pela raiva, você pode dizer a si mesmo: "Eu sou uma pessoa irritada." Se você fuma, pode dizer: "Eu não consigo parar."[45] Esta questão dos hábitos é fundamental. Entretanto, se prestarmos atenção, veremos que eles são originados de pensamentos. O primeiro passo para alterar um hábito é entender sua estrutura e seu funcionamento. Isso permite tomar consciência do processo e atuar nele. Por exemplo, ao reconhecermos os gatilhos de um hábito, podemos escolher evitá-los, o que nos permite diminuir seu poder de atração e aumentar a nossa força de vontade na direção contrária, criando novos caminhos para agir, inclusive no nosso cérebro. Esse entendimento também precisa vir com o reconhecimento claro das consequências negativas, de forma realmente indubitável e forte, pois, caso contrário, que motivação verdadeira teremos para mudar?

Gosto muito do exemplo dos alcoólicos anônimos, que nunca afirmam que são ex-alcoólatras, porque sabem que a qualquer momento – se não permanecerem atentos – podem cair no vício de novo. "Só por hoje não tomo o primeiro gole." "Só por hoje" ou

"Só por agora". Este é o ponto, afinal não existe nada além de hoje, além de agora. Só vencemos um hábito por meio da presença. E quanto maior a presença, mais fácil será interrompermos um hábito negativo. Só no aqui e agora conseguimos desligar os gatilhos que disparam os hábitos destrutivos. Por isso precisamos praticar a atenção o tempo todo.

Como vimos, o vício também pode ser entendido como uma corrente, um circuito neural habituado a fazer algo. Se bobeei, estou preso nessa dependência. E por que é tão difícil largá-la? Porque basta um gatilho, qualquer acontecimento que acione uma lembrança significativa, uma marca/memória emocional, cheia de sentimentos suprimidos, para que nos entreguemos ao comportamento mecânico e negativo que acreditamos que irá nos tirar de algum tipo de dor, de sofrimento. Assim, se estamos no vício, seja qual for, não estamos na presença, no nosso melhor. O cérebro se tornou moldado pelo vício e precisa ser "reprogramado". Entretanto, isso não é tão simples, pois quando um hábito é criado nossa consciência é diminuída, ou seja, deixamos de escolher de forma livre, positiva e plena. Nossas decisões estão contaminadas. Isso significa que é necessário, principalmente no início, um esforço para ir além desse "modo automático" de escolha e ação.

Sistema de recompensa e vício

Para entender melhor os hábitos e vícios, precisamos entender o nosso sistema de recompensa. O sistema de recompensa do cérebro envolve diversas áreas, como a área tegmental ventral (ATV), a amígdala, o hipocampo, o córtex pré-frontal, etc., mas de forma simplificada vou focar o núcleo accumbens e a dopamina.

Quando deparamos com um estímulo prazeroso, nosso cérebro libera dopamina no núcleo accumbens, que é uma região central do sistema de recompensa, uma estrutura-chave envolvida na mediação de processos motivacionais e emocionais. Já a dopamina é uma substância química que os neurônios utilizam para trocar informações, sendo o principal neurotransmissor do sistema de recompensa do cérebro, diretamente relacionado à motivação de agir.

Assim, diante de determinado estímulo, como sexo, comida, atividade agradável, etc., o sistema de recompensa libera dopamina. Quanto maior a quantidade de dopamina que recebemos, maiores são a motivação, a associação e a vontade de ter um comportamento que proporcione o prazer desejado. Portanto, temos a tendência de repetir estímulos que possam ativar positivamente nosso sistema de recompensa.

As drogas – que são substâncias que modificam, aumentam, inibem ou reforçam as funções fisiológicas, psicológicas ou imunológicas do organismo de maneira transitória ou permanente, como o álcool, a maconha, a cocaína, etc. – agem exatamente aí, induzindo um aumento brusco e exacerbado de dopamina no núcleo accumbens. E queremos repetir essa sensação.

Entretanto, não são apenas as drogas que induzem a ação da dopamina no cérebro. Qualquer coisa entendida como prazerosa irá ativar o sistema de recompensa. Alguns estudos[46] sugerem que vícios não relacionados ao uso de drogas podem gerar mecanismos similares aos reportados em casos de uso de drogas.

Em outras palavras, as nossas escolhas são influenciadas por processos químicos e físicos que ocorrem no cérebro. Quanto mais dopamina, mais motivação para fazer algo.[47]

Atenção e curiosidade são elementos-chaves para enfrentar maus hábitos.[48] Com atenção podemos perceber, de maneira clara e consciente, os resultados concretos desses comportamentos e avaliar objetivamente se eles estão nos ajudando ou prejudicando. Já a curiosidade sobre um determinado vício, mais especificamente sobre o que se sente e por que se sente esse desejo compulsivo, qual a origem dele, pode ajudar a romper essa prisão. Mas isso só será possível se mantivermos a atenção direcionada para o momento presente, sem nos perdermos em pensamentos incessantes e destrutivos. Isso traz uma consciência que abre espaço para a ativação da nossa força de vontade, que permitirá uma nova e positiva escolha.

Um aspecto a ser observado no nosso processo decisório e no vício é a diferença entre dois sentimentos. Muitas vezes confundimos alegria com excitação ou euforia. A alegria, que pode ser sempre buscada, vem com relaxamento e leveza. Já a excitação está conectada a uma ansiedade, a uma tensão que queremos de toda forma aplacar, pelo menos temporariamente. A alegria traz conexão, paz e preenchimento. A euforia do vício traz isolamento, preocupação e angústia. Descobrir os prazeres mais sutis da alegria (versus a excitação) com o uso de mindfulness pode nos ajudar a escolher com mais frequência o caminho para a alegria e, consequentemente, para hábitos saudáveis que vão além do vício.

Para vencer um vício não é indicado ficar muito "preocupado" (leia-se ansioso) com a sua superação, com o esforço que precisa ser feito, com as consequências das recaídas, pois isso pode gerar mais tensão e nos fazer acreditar que não conseguiremos, impedindo-nos até de focar a atenção para largar o vício. No fundo, é uma autossabotagem, uma forma de nos perdermos em pensamentos e nos mantermos presos no vício.

Quando esses pensamentos vierem, o caminho é simplesmente observá-los, sem se identificar com eles, sem dar atenção ou espaço para um diálogo interno compulsivo. Também podemos pesquisar e estudar as suas causas, para compreendê-las.

Cuidados e vício em pornografia

Um problema que tem crescido enormemente nos últimos anos é o vício em pornografia. Trata-se de um reflexo da facilidade de acesso a conteúdos pornográficos na internet, por meio de qualquer equipamento básico, como computador, tablet ou celular, e do interesse que o sexo desperta.

Os números disponíveis sobre a indústria da pornografia são expressivos e crescentes.[49] Cerca de 35% de todos os downloads de internet estão relacionados a pornografia, bem como 25% de todas as consultas registradas nos mecanismos de pesquisa, cerca de 68 milhões de buscas por dia. Um terço dos espectadores de pornografia são mulheres. Quase 64% dos jovens de 13 a 24 anos procuram ativamente conteúdos pornográficos pelo menos uma vez por semana. Mais ou menos 2,5 bilhões de e-mails enviados ou recebidos todos os dias contêm pornografia. A cada 39 minutos, um novo vídeo pornográfico está sendo produzido nos Estados Unidos. A pornografia é uma indústria global estimada em 97 bilhões de dólares.

Não quero condenar aqui quem busca a pornografia. Entendo que todos são livres e podem fazer suas escolhas. O sexo faz parte da vida, é algo muito bom, natural e que integra o nosso desenvolvimento. Ao mesmo tempo, vejo os prós e contras da pornografia. Por um lado, entendo que ela nasce da repressão sexual e pode, em casos específicos, servir de estímulo a um desbloqueio, pelo menos na fase inicial do processo. Por outro lado, e na maioria dos casos, vejo a pornografia quase sempre relacionada à violência - física, moral, psicológica, emocional -, à distorção da real beleza que o sexo pode trazer - impedindo assim que se viva essa beleza - e a modelos e estereótipos sexuais que não condizem com a realidade, gerando pensamentos, expectativas e frustação, entre outras coisas.

Vejo que o principal problema é o vício na pornografia, pois, como todo vício, gera uma série de prejuízos à pessoa viciada e a outras, direta ou indiretamente. Esses prejuízos ou consequências negativas específicas podem ser observados em uma ou em várias destas manifestações:[50] disfunção erétil induzida por pornografia, perda de interesse pela(o) parceira(o), dessensibilização do órgão sexual - masculino ou feminino, quando normalmente submetido a masturbação frequente e muito vigorosa/agressiva -, compulsão sexual, falta de energia para realizar o que precisa ser feito, procrastinação e dificuldade de realização de metas, ansiedade, presença de sentimentos como culpa e vergonha, ejaculação precoce, visão distorcida do sexo oposto - como se fosse apenas um objeto, inferior, etc. –, confusão mental e do próprio interesse/orientação sexual – por exemplo, pela busca contínua por novidades ou extremos para obter mais excitação/dopamina –, entre outras.

É natural que busquemos sexualmente uma pessoa, pois isso nos dá satisfação e prazer. Quimicamente, o nível de dopamina aumenta quando vemos a possibilidade de fazer sexo.[51] E pode existir uma resposta instintiva que nos impulsiona à novidade e à variedade – mesmo sendo algo delicado de se tratar devido a questões sociais e morais.

Se juntarmos essa característica e seu impacto na produção de dopamina, que nos faz desejar, com o acesso facilitado pela internet e a possibilidade quase infinita de conteúdo e imagens pornográficas – um estímulo artificial, que pode nos prender e dominar de forma quase inconsciente, devido à própria mecânica da nossa mente –, vemos quão fácil é nos tornarmos viciados em pornografia, bem como sermos atingidos por seus efeitos negativos na nossa vida.

Objetivamente, o nosso cérebro, de maneira geral, não está preparado para lidar com tanto estímulo e pode facilmente sucumbir à tentação. Como evitar que isso aconteça ou como sair dessa situação? Permanecendo atentos a ela e a onde colocamos a nossa atenção.

O foco deste livro não é destrinchar todos os aspectos do vício em pornografia, mas mostrar que a meditação pode ser muito importante como suporte para quem já entendeu que está viciado, que isso é muito ruim para a sua vida, e quer sair dessa situação de dependência e sofrimento. Também serve para que se evite entrar nesse vício ou para ampliar a percepção dos seus efeitos.

Por outro lado, a minha experiência mostra que apenas a meditação muitas vezes não é suficiente para vencer esse e outros vícios. Além dela, precisa-se de um aprofundamento no entendimento dos mecanismos da mente relacionados ao vício, apoio para a mudança e verdadeira força de vontade para trilhar os passos necessários. É necessário usar a disciplina e a atenção, para evitar locais e situações que levem a uma exposição ao vício e seus gatilhos, principalmente no começo. Mudar a rotina, definir limites, pedir ajuda e acompanhar o seu progresso também ajudam enquanto você trabalha as suas causas. E para estimular a força de vontade é preciso ter total consciência das consequências e lembrar sempre que esse vício, como qualquer outro, não traz felicidade.

O MAIOR DE TODOS OS VÍCIOS

Talvez o maior de todos os vícios que atinge o ser humano seja o vício de pensar compulsivamente. Como estamos totalmente viciados em pensar sem parar, divagando, achamos que isso é natural e até positivo. Mais do que isso, acreditamos que a nossa existência depende disso – uma interpretação talvez influenciada pela lógica de Descartes, sintetizada na famosa frase: "Penso, logo existo."

Uma pesquisa[52] de Harvard mostrou que as pessoas ficaram menos felizes quando a mente delas estava divagando do que quando não estava. E isso se mostrou válido tanto para assuntos agradáveis, como desagradáveis e neutros. O poder da mente é muito grande. O que nós pensamos é o melhor indicador da nossa felicidade, mais até do que o que fazemos, como mostra a mesma pesquisa de Harvard.

É preciso compreender que o vício no pensamento compulsivo é a fonte e a raiz do sofrimento. Somente um estudo profundo e exaustivo dessa relação de causa (pensamento compulsivo) e efeito (sofrimento) pode gerar um empenho para que possamos renunciar à compulsão de pensar. Nesse estudo, além dos efeitos negativos, é importante notar os ganhos que temos com o pensar compulsivo – mesmo sendo infinitamente menores que os que temos sem esse vício –, como a ideia de identidade.

O que fazer para aumentar o autoconhecimento

Perceber que pensamos excessiva e ininterruptamente é um dos primeiros estágios no processo de autoconhecimento. O estado de pensar compulsivamente é tão "normal" que não o notamos, por falta de prática da atenção e da auto-observação. Esse estado é análogo ao que acontece na trilogia do filme *Matrix*. Muitas vezes a nossa mente, a partir de estímulos elétricos e químicos, nos faz crer que estamos vivendo histórias que podem ser pura fantasia, uma realidade paralela que na verdade não existe, uma grande ficção ou ilusão.

A partir dessa percepção, chegamos a um segundo estágio quando começamos a observar os pensamentos compulsivos, criando, aos poucos, um distanciamento entre nosso centro que observa e o que é observado. Fortalecemos o nosso observador assistindo aos pensamentos como se víssemos um filme, sem dialogar com eles. Pensamos, mas deixamos os pensamentos passarem. Sempre que os percebemos ativos e pegamos uma trilha de divagações, com calma e atenção voltamos ao centro. Vamos e voltamos.

Depois de adquirirmos certo domínio da técnica de observar os pensamentos sem nos prendermos a eles, podemos prestar atenção em toda a nossa compulsão mental e, devagar, observar as histórias que se repetem na nossa mente e buscar suas causas. Podemos inclusive usar o pensar focado, como um tipo de meditação analítica – não sei se este é o melhor nome, mas é comumente utilizado –, que analisa, investiga, reflete e busca relações de causa e efeito dessas histórias e pensamentos. Com isso, aumentamos nossa capacidade de controlar a atividade inicialmente caótica de pensar e não alimentamos tanto os pensamentos compulsivos, pois vamos suavizando suas causas a partir do entendimento delas. Podemos também contar com ajuda profissional, seja individualmente ou em grupo.

Conforme avançamos, passamos a outras fases, que nos permitem finalmente acalmar a mente e nos tornar um receptáculo do melhor de nós. Conseguimos receber de nós mesmos – através do nosso coração, da nossa essência – dicas e insights, vislumbres do que precisa ser feito, do caminho a ser trilhado. Passamos a nutrir nossa intuição com a nossa atenção, sentindo momentos de conexão profunda com nós mesmos, com os outros e com a natureza. Tudo isso é resultado do autoconhecimento e, ao mesmo tempo, insumo para o seu aprofundamento.

Um lembrete

A prática de mindfulness e a execução desses passos trazem um estado novo em relação a nós mesmos e às outras pessoas. Por um lado, nos trazem mais autodomínio, autoconfiança e autossuficiência. Por outro, sua prática nos torna continuamente mais conscientes da interdependência integral e plena de toda a humanidade.

No desenrolar desse processo não deixaremos de ser visitados por dores, mas não sentiremos ou, pelo menos, sentiremos menos necessidade de nos entorpecermos para fugir da realidade. Quando passarmos por situações difíceis, não deixaremos de sentir. A tristeza, por exemplo, é um sentimento humano de que fugimos frequentemente, mas que às vezes é importante e necessário, como parte da vida. Gosto da frase que diz que a dor é inevitável, mas o sofrimento é opcional. Aqui entra mindfulness.

Se estivermos inteiramente presentes ao passarmos por momentos desafiadores, colheremos uma compreensão mais ampla e profunda do contexto e das circunstâncias do acontecimento. Dessa forma, não iremos gerar sofrimentos "adicionais" e desnecessários ligados a pensamentos vitimizantes como "Deus do céu, como eu sofro!", ou "Que injustiça da vida!".

Não vamos deixar de sentir a dor e a tristeza quando vivenciarmos uma agressão, uma perda, uma questão emocional ou fisicamente desfavorável, mas ampliaremos nossa habilidade de não nos deixarmos ser devorados por elas. Teremos mais condições de tomar as decisões certas e de evitar hábitos prejudiciais, que inclusive podem ter sido os geradores do sofrimento atual. Poderemos até mesmo nos abrir para aprender a lição que essa dor tem a nos ensinar – talvez uma mudança de atitude ou a valorização de pessoas a quem não tratávamos com a devida consideração.

Auto-observação e autoinvestigação

A auto-observação é uma chave fundamental, uma capacidade e um sentido em si mesma. Entendo que, da mesma forma que temos cinco sentidos para perceber o mundo exterior – a visão, o tato, o paladar, a audição e o olfato –, temos um sétimo sentido, que é a auto-observação, para podermos entender o que se passa dentro de nós. Falo em sétimo sentido, pois deixo a intuição, uma percepção extrassensorial, como uma espécie de sexto sentido. A auto-observação também nos ajuda a entender as sensações que temos, sendo muitas delas influenciadas por outros sentidos.

A auto-observação leva diretamente ao autoconhecimento ou ainda abre as portas para a autoinvestigação – que é a investigação de si mesmo, que também desemboca no autoconhecimento. E o cultivo do silêncio abre espaço para que a auto-observação possa ocorrer.

O caminho do autoconhecimento

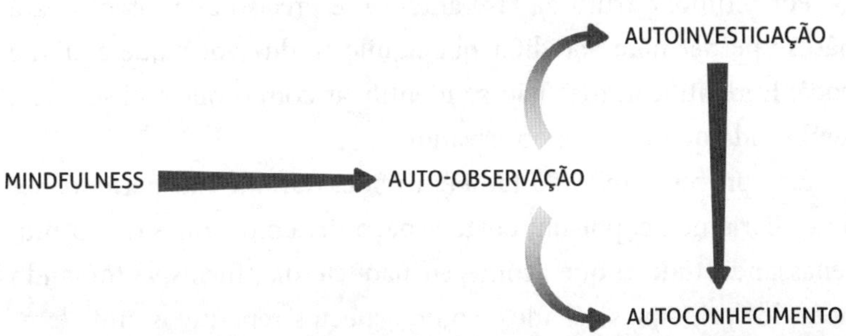

Uma forma de direcionar a atenção para a auto-observação e a autoinvestigação é compreender a existência de quatro etapas neste processo: Reconhecer, Aceitar, Investigar e Não se identificar, que formam o acrônomo RAIN.[53] Este processo detalha um pouco mais os dois primeiros estágios já apresentados acima: reconhecer e aceitar.

A primeira fase é reconhecer o que acontece com você, não importa o que seja. É o momento de observar, de ver, de notar a existência, evitando fugir da realidade. Isso inclui pensamentos, sentimentos, palavras, ações, comportamentos, situações, relacionamentos, realidades, etc. É reconhecer também onde se está. Muitas vezes esta fase começa com as situações ou os aspectos em si mesmo que geram insatisfação.

A segunda fase é aceitar que aquilo existe. É um aprofundamento da fase anterior, do reconhecimento, parando de brigar e de querer mudar instantaneamente, de maneira mágica, irrealista, aquilo que existe naquele momento. É não sofrer desnecessariamente, aceitando a condição humana e tendo inclusive compaixão por si mesmo e pelos outros.

A terceira fase é explorar essa realidade, verificando suas origens, suas relações de causa e efeito, as consequências na sua vida, os pensamentos, sentimentos, palavras e comportamentos que a alimentam e os que são por ela alimentados. Aqui você pode usar o intelecto, mas sem se perder nele. Funciona como uma meditação analítica.

Por último, e fruto da fase anterior, é preciso estar atento para não se perder nem acreditar que aquilo traduz você, que aquilo é você. É identificar, mas não se identificar com o que é observado, lembrando que você é o observador.

Este processo/reflexão também pode, durante um período, ser feito diariamente, por um curto espaço de tempo antes de dormir, repassando tudo o que aconteceu naquele dia, inclusive tomando nota dos principais achados, como aspectos repetitivos, uma lembrança da infância, gatilhos percebidos ou a compreensão de relações de causa e efeito.

Contas abertas com o passado

Um grande empecilho e obstáculo à meditação, à presença, são as nossas contas abertas com o passado. Contas abertas são quaisquer situações que permanecem influenciando a nossa mente, produzindo pensamentos compulsivos a respeito delas. Elas nascem de algo que falamos ou que fizemos no passado, ou ainda de algo que não fizemos ou não falamos – mas que deveríamos ter feito/dito – e com o qual continuamos apegados, presos, pensando, pois acreditamos que são assuntos ainda não acabados, não resolvidos. Assim, tentamos encontrar saídas e soluções para essas contas, só que no campo da mente, pensando compulsivamente, como em looping. "Eu devia ter dito isso", "Eu vou falar aquilo", "Eu vou fazer tal coisa" são alguns exemplos de como aparecem pensamentos recorrentes relacionados às contas abertas. Às vezes estamos conscientes da existência delas, às vezes não, pois já caíram no esquecimento. E elas continuam a produzir pensamentos, embora não estejam mais na nossa consciência.

Basta parar e fazer uma prática de mindfulness que elas aparecem. E ficamos presos nessas histórias. Minha percepção é que essas contas abertas sempre nascem da nossa falta de amor, em algum grau, além da própria falta de presença no momento em que vivemos essas situações.

Dessa forma, duas ações podem ser feitas para lidarmos com as contas abertas. A primeira, bem óbvia, é evitar que elas ocorram. E isso só é possível na presença, quando estamos inteiros na ação. É fazer e dizer o que é preciso em cada exato momento. Estar por inteiro na ação evita que deixemos contas abertas, pois não haverá pensamentos entre nós e a ação. Não seremos tomados pelo ego, pelas emoções negativas, e agiremos a partir da reta razão. Isso exige muito treino.

A segunda ação é compreender e buscar, no devido tempo, fechar essas contas abertas com o passado. Algumas são mais fáceis e outras são mais difíceis. Estou falando de fechar as contas dentro de você, mas isso às vezes pode exigir alguma ação externa. Cada caso é um caso, que requer atenção e paciência para sua solução.

Dois tipos de pensamentos "antimindfulness"

Existem pelo menos dois tipos de pensamentos que frequentemente atrapalham a prática de mindfulness. Um deles, como já foi apontado, são os pensamentos que vêm das contas abertas com o passado. E o que fazer quando eles vêm? O primeiro passo é deixá-los passar, voltando a atenção para a respiração, por exemplo. Entretanto, muitos deles voltarão, pois sua causa geradora continua a existir. Neste caso, é preciso observar e fazer uma espécie de acordo com eles, que é o mesmo que termos um claro posicionamento a respeito deles, a partir do seu entendimento. Se temos consciência, vamos ter clareza do que fazer para fecharmos essas contas. Isto pode significar, por exemplo, decidir ir conversar com alguém sobre algo que ficou pendente. Pode ser para esclarecer algo, para falar alguma coisa que ficou engasgada ou para pedir perdão. Se temos essa clareza no momento da prática de mindfulness, esses pensamentos se acalmarão momentaneamente. É claro que eles voltarão enquanto essa ação não for efetivamente realizada, mas a clareza do que fazer, um claro posicionamento, diminuirá a sua intensidade e ficará mais fácil lidar com eles.

Outros pensamentos recorrentes e que atrapalham a prática de mindfulness são aqueles oriundos das impressões que as pessoas e os objetos deixam em nós. Essas impressões também podem ser entendidas como os impactos que esses objetos e pessoas têm em nós. Vimos algo, falamos com alguém e ficamos pensando sobre aquilo. É como um resíduo do que aconteceu, do que já foi, e que ainda ficou em nós. Esses pensamentos impactam e se relacionam com algum aspecto do nosso ego, das nossas máscaras, da nossa personalidade. É mais simples lidar com esse tipo de pensamentos do que com os das contas abertas, pois eles simplesmente desaparecem quando os ignoramos. É importante termos clareza de que eles não são importantes. Podemos vê-los como bolhas de sabão ou bexigas, que simplesmente são estouradas com um alfinete pelo nosso observador. Esse alfinete é a atenção redirecionada e trazida, por exemplo, de volta para a respiração, para o silêncio, para o vazio. Aqui, mais uma vez, o treino é fundamental.

Paciência

A paciência tem um grande poder. Ela é a ciência da paz. Significa agir ou esperar conforme o que cada situação pede, sem forçar o resultado. Paciência é a capacidade de se manter emocionalmente equilibrado, sem perder a calma, ao longo do tempo. Consiste em ter tolerância a erros ou fatos indesejados. É a capacidade de suportar incômodos e dificuldades, de persistir, de esperar o momento correto para certas atitudes, sem pressa, de aguardar em paz a compreensão ainda não obtida, libertando-se da ansiedade. Ela é fruto da sabedoria e é a base da não violência e da compaixão. A paciência é uma proteção vital, que evita sofrimento desnecessário e exige firmeza de convicção e observação desapegada dos pensamentos negativos.

A impaciência é a antítese da autoaceitação. A irritação, a ansiedade, a angústia são alguns sinais de que está faltando paciência. Paciência significa não julgamento, sem a imposição de condições. Ela é também fruto da confiança na condução da existência, ou seja, que as coisas que ocorrem são para nos ajudar em nossa evolução. Ser paciente não significa ficar passivo; é agir ou esperar conforme o que cada situação pede, sem querer forçar o resultado. É uma virtude que nos ajuda a lidar com tudo e com todos. E o primeiro foco da paciência deve ser direcionado a nós mesmos, para podermos tê-la com os outros e com os diversos aspectos da vida.

Para adquirir paciência, precisamos desenvolver um estado de equanimidade mental, para não nos perdermos em sentimentos destrutivos, como a raiva ou o ódio, que são muitas vezes desencadeados pelo medo e o orgulho.

Há quem utilize uma máscara de tranquilidade, mas no fundo é como um vulcão prestes a explodir. Quando perdemos a paciência nos tornamos vulneráveis e passamos momentaneamente a ser governados por forças que nos tiram da razão e nos levam para perigosas possibilidades de reação por impulso. Casos extremos acontecem diariamente, em ataques de ira e fúria, que levam até a assassinatos e outros crimes.

Uma forma de treinar a paciência é perceber a impaciência. Aos poucos vamos aprendendo a distinguir e a nos distanciar dos pensamentos que geram essa condição, o que vai fortalecendo o seu antídoto inerente. Podemos usar esse mecanismo para não nos irritarmos mais com os outros e também não nos perdermos em autojulgamentos severos, pois a paciência está vinculada à aceitação das nossas limitações. Uma das chaves para cultivar a paciência, a paz interior, é o silêncio.[51] Aliás, é quase impossível separar paciência de mindfulness. A paciência, assim como todos os valores humanos, é um desdobramento de um só, o maior deles, que é o amor. Ter paciência com alguém e consigo mesmo é, definitivamente, um ato de amor.

Mindfulness na empresa

Mindfulness é uma importante ferramenta dentro do ambiente corporativo. Google, Facebook, BlackRock, Aetna, Accenture, General Mills, Deutsche Bank e GE são algumas das milhares de empresas no mundo que o utilizam com maior ou menor intensidade. No Brasil também temos muitos exemplos de empresas grandes, médias e pequenas, como CPFL Renováveis, AES Eletropaulo, Rexon, Renner, Gráfica Santa Edwiges, Vendemmia, Kimberly-Clark, entre outras, que se valem dessa técnica. Diversas universidades no mundo têm oferecido cursos e estudos relacionados ao tema, como Harvard, MIT, UC Berkeley, Massachusetts, Stanford.

É fácil perceber a sua importância, pois na empresa o foco é fundamental, a começar pelo foco na identidade organizacional, como na definição e no constante alinhamento com a missão, a visão e os valores da empresa. O estudo de estratégias vencedoras mostra a importância de se concentrar verdadeiramente nos principais objetivos, nos principais mercados, nos principais produtos, priorizando o que é mais importante. Os estudos também mostram a importância de se estar aberto ao novo, bem como o fundamental papel da inovação para o sucesso, hoje mais do que nunca. Esses pontos por si sós já justificariam todo e qualquer investimento em atenção e foco, mas existem vários outros benefícios que as práticas trazem quando são aplicadas em questões objetivas.

Um exemplo expressivo dos benefícios de mindfulness em uma empresa é o da Aetna, um importante pagador e provedor do sistema de saúde americano, com 50 mil funcionários, que instituiu um programa interno de treinamento de atenção consciente baseado em meditação e yoga. Além de um aumento na atenção, eles constataram uma diminuição de 28% no estresse e de 19% na dor, bem como um aumento de 20% na qualidade do sono. A Aetna ainda calculou um ganho de produtividade de 62 minutos por semana, devido ao desenvolvimento da atenção, o que representa um ganho anual de 3 mil dólares por trabalhador.[55] Outro dado interessante é que os funcionários com altos níveis de estresse, que representam cerca de 20% do total, custam quase 2 mil dólares extras em despesas médicas anuais, o que mostra que um programa de mindfulness nessa empresa pode gerar uma economia de 5 mil dólares/ano, dependendo do funcionário. A Aetna parece levar tão a sério o uso de mindfulness, reconhecendo a sua grande importância para o negócio, que é a primeira empresa que eu conheço que criou um Chief Mindfulness Officer para cuidar do tema.

Mindfulness e alta performance

Toda empresa ambiciona o lucro, o crescimento, a longevidade, ser uma marca desejada pelos consumidores e os melhores resultados possíveis. Por isso a alta performance é tão importante dentro do universo corporativo.

Para que cada pessoa da empresa tenha alta performance é preciso que assuma total responsabilidade (autorresponsabilidade) por si mesma e pelo grupo, saiba quais são suas competências e queira realmente desenvolvê-las e utilizá-las, estando também consciente do que a impede de escolher e utilizar esse potencial para poder ir além desses aspectos. Assim, a alta performance exige, além de engajamento, autoconhecimento, competência, foco na realidade, consciência e atenção.

Na empresa, como os resultados também dependem da atuação do grupo como um todo, a liderança, o trabalho em equipe, o propósito, o relacionamento, a ética e a sustentabilidade, entre outros aspectos, são fundamentais. Uma equipe de alta performance é aquela que demonstra elevada competência e destacado grau de comprometimento. São pessoas alinhadas e unidas, mas ao mesmo tempo espontâneas, com diversidade de competências e percepções. O desenvolvimento e a utilização dessas qualidades são diretamente influenciados pela prática de mindfulness, que, como vimos, funciona como uma metacompetência, ajudando no aprimoramento delas. Lembro ainda que a autoperformance é o caminho para obtermos alta performance.

Alguns dos inimigos da alta performance são as crenças limitantes, os preconceitos, a competição, a separação, a desunião, a incompetência, entre outros, pois nos impedem de dar o melhor de nós. A ética e a verdade funcionam como antídotos, sendo fruto do real e da presença, e têm os elementos que ajudam na liberação do nosso potencial e na união de todos, o que nos permite alcançar a nossa melhor performance, individual e coletivamente.

Para completar, uma simples pergunta ajuda a entender a importância de mindfulness para todos na empresa terem alta performance: Que tipo de mente produz mais e melhor: uma mente calma, tranquila, aberta, objetiva e focada ou uma mente agitada, preocupada, ansiosa, ocupada e cansada? Se por acaso você responder que é a segunda, eu o convido a refletir e se abrir um pouco mais. E se for a primeira, o que você está esperando para começar a praticar?

Alta performance humanizada

Nunca foi tão premente para o mundo corporativo reconhecer de verdade – indo além do discurso –, implantar e disseminar os valores humanos nos negócios, pois são eles que efetivamente nos transformam em seres humanos e fundamentam um desenvolvimento sustentável e integral do indivíduo e da sociedade. Esse reconhecimento se traduz na busca de uma alta performance humanizada, uma forma de atuar que permite obter os melhores resultados para todos, a partir (1) do uso do nosso potencial humano, (2) do entendimento da realidade – as possibilidades, os limites, os benefícios, os malefícios e os riscos das ações – e (3) do exercício da união.

Isso só é possível com atenção e presença nas ações, com consciência das suas consequências e com uma intenção positiva, ajudando na inclusão e na realização de todos. Essa alta performance é fruto de uma gestão boa, humanizada, ética, competente, atenta, focada e inovadora do negócio. E a prática de mindfulness é um tempero fundamental para que ela ocorra.

Mindfulness e o líder (Mindful Leadership)

Um líder faz muita diferença dentro de uma empresa. Existem muitas definições, mas eu gosto desta: líder é aquele que tem seguidores. Porém, uma coisa é ser líder e outra é ser um bom líder, um líder autêntico, espontâneo, confiável, que compreende o seu impacto na empresa e nas pessoas. Como Bill George, professor de Harvard, aponta, "líderes autênticos são genuínos em suas intenções e entendem o propósito de sua liderança estar a serviço de seus clientes, funcionários e investidores, e não de seus próprios interesses. Eles devem praticar seus valores de forma consistente, equilibrar suas motivações extrínsecas e intrínsecas, construir relacionamentos confiáveis e operar com altos níveis de disciplina pessoal".[56] E como o próprio Bill George afirma, o desenvolvimento desse tipo de liderança precisa de mindfulness.

Um líder bom e autêntico precisa desenvolver sete pilares principais:

1. Ter as competências de conhecimento, habilidade e atitude adequadas, inclusive a de gerar união;
2. Conhecer-se de verdade, o que inclui a prática do autoconhecimento a fim de descobrir quais são suas virtudes, seus "defeitos e limites", seu propósito;
3. Interessar-se por, conhecer e perceber/ouvir seus liderados e a realidade (da empresa, do mercado, do mundo);
4. Estar conectado consigo mesmo, com seu propósito e com o positivo/ético;

5. Estar conectado com os outros, com o propósito e as necessidades da empresa, de seus liderados e dos outros impactados/ *stakeholders*;
6. Agir de acordo com os pilares anteriores e com criatividade, integridade, autorresponsabilidade e gentileza;
7. Estar engajado e em busca constante de evolução e desenvolvimento, pessoal e coletivo.

Os sete pilares acima são suportados pela prática de mindfulness. E é fácil ver os benefícios. Um estudo[57] mostrou que líderes com maior capacidade de atenção influenciam positivamente no bem-estar e no desempenho dos funcionários.

Pensando na atuação do líder, como definir o que é prioridade? Como tomar decisões conscientes? Como podemos perceber aquilo de que os nossos liderados precisam? Como dar um feedback real e positivo? Como encontrar soluções criativas para os problemas que aparecem? Como inspirar a equipe? Como conseguir liderar com serenidade, foco, justiça e sabedoria? Como apoiar o crescimento individual e coletivo dos liderados? Como assumir plenamente a responsabilidade? Como lidar com uma situação de crise? Como lidar com a mudança e com a transição? Como ser coerente e íntegro, um exemplos autêntico de postura e comportamento? Como nos conectar com o nosso propósito individual e com o das pessoas? Como lidar com a pressão e as emoções negativas, inclusive as nossas? Para tudo isso precisamos estar relaxados, atentos, focados, abertos e sem julgamento. Para responder a essas perguntas, precisamos de mindfulness.

A neurociência pode ajudar o líder a entender a si mesmo, a conexão entre o seu cérebro e o seu corpo, ampliando a consciência de suas próprias características e de como se dá a relação entre os aspectos físicos, mentais e emocionais que são importantes para desbloquear o seu potencial e ajudá-lo a ir além de padrões e hábitos de liderança fixos – baseados em uma visão engessada, em crenças limitantes – e negativos.[58]

Por outro lado, o processo de mindfulness – e a neurociência – não age sozinho. Ele deve abrir espaço, suportar e ser complementado com o desenvolvimento de outras competências, como empatia, gestão de conflitos, comunicação adequada, entre outras, que suportam a inteligência emocional.[59] Por exemplo, a prática de mindfulness ajuda o líder a perceber e evitar algumas ações e situações que provocam sentimentos e gatilhos "na amígdala alheia" e que impactam negativamente nos colaboradores da empresa, como falta de respeito, tratamento injusto, desconsideração, não ser escutado, não receber atenção e ser submetido a metas irrealistas.[60]

Nós já falamos dos aspectos negativos da multitarefa, que é valorizada por muitos líderes e executivos, particularmente quando queremos fazer mais de uma coisa ao mesmo tempo, o que gera perda de performance e estresse. O cérebro responde negativamente a essa ação de colocar a atenção em duas coisas ao mesmo tempo, o que pode inclusive impactar na quantidade de sua substância cinzenta.[61]

Multitarefa e longas (e contínuas) jornadas de trabalho de 10 ou mais horas por dia são frequentemente praticadas por líderes, executivos e diversos profissionais, o que gera uma série de desequilíbrios e perda acentuada de qualidade de vida, impactando na saúde, nos relacionamentos, na alimentação, na satisfação com a vida, no propósito, entre outras coisas. Administrar com lucidez seu tempo para também poder escolher usufruí-lo com sua família e amigos, cuidar da saúde e curtir a vida não é uma tarefa ou equação simples. Entretanto, esse equilíbrio é fundamental.

Mindfulness é um importante aliado nesses casos, podendo promover o autocontrole, a diminuição do estresse, o aumento da satisfação e o engajamento no trabalho, e ao mesmo tempo a redução do número de horas trabalhadas, sem declínio da performance no trabalho.[62]

É muito importante reservar um momento do dia para se concentrar, mesmo que por poucos minutos, acalmando a mente e olhando para a realidade com mais clareza. A porta fechada ou qualquer outro sinal pode ser interessante para você informar à equipe que não quer ser incomodado naquele momento.

Talvez o maior desafio do líder – e de todos nós – seja liderar a si mesmo, a autoliderança. Como só damos o que temos, é fundamental o desenvolvimento desta capacidade, que encontra em mindfulness um refúgio e um apoio imprescindíveis.

Processo de tomada de decisão (PTD)

Como o líder faz suas escolhas? Sempre escolhemos algo para atender a uma necessidade. O ponto de mindfullness no processo decisório é entendermos quais são as verdadeiras necessidades ou motivações responsáveis pelas nossas escolhas. É separar o joio do trigo e evitar o autoengano. É também conhecer a realidade externa, a partir de dados concretos e mais completos, dentro do razoável/possível. Saber o que é e o que não é, sem julgamentos prévios.

Além de conhecer a realidade, podemos ir um pouco além e nos valer da intuição. Às vezes achamos que estamos sendo puramente racionais, mas estamos presos a emoções emaranhadas no passado. Precisamos aceitar a intuição, aceitar que nem sempre a mente racional por si só é capaz de saber o que fazer devido, por exemplo, à existência de mais de um "bom" caminho possível. A conexão com o coração é uma aliada da razão, não sua adversária.

Obter as informações mais importantes, ser mais racional e menos influenciado por emoções negativas – como o medo e a dúvida –, estar aberto e atento à intuição, ser capaz de obter um feedback claro e aprender com ele são alguns dos benefícios de mindfulness no processo de tomada de decisão e de aprendizagem do líder e de qualquer pessoa.

Um estudo[63] mostra que uma curta prática de mindfulness pode melhorar a tomada de decisão, por exemplo, no caso de um investimento – de dinheiro, esforço ou tempo – que causou uma perda entendida como irrecuperável. As pessoas em geral têm dificuldade de admitir que estavam erradas em suas decisões iniciais e esse tipo de pensamento pode fazer com que percam ainda mais. A prática de mindfulness pode evitar o viés de se continuar nessa ação, possivelmente devido a um pensamento preso no passado, onde o custo aconteceu, e no futuro, com uma expectativa de recuperação, deixando de ter clareza da realidade no presente, que deveria guiar a atual tomada de decisão.

A prática de mindfulness ainda permite que tenhamos um feedback em tempo real do que está acontecendo. Assim, as soluções também são vistas com mais clareza e rapidez.

Compaixão

A compaixão é um aspecto muito importante para a liderança de hoje e de sempre. Compaixão pode ser traduzida como o reconhecimento do sofrimento de outra pessoa e o desejo real de aliviar esse sofrimento. Infelizmente, vemos muito sofrimento dentro e fora das empresas, o que mostra a premência da compaixão na performance de líderes.

Além de poder ser classificada como altruísta, a compaixão também impacta direta e positivamente na performance do líder, de sua equipe e de toda a empresa. Muitos livros sobre liderança falam sobre o líder servidor e sua influência no engajamento e na performance de suas equipes.

Um aspecto central é o líder entender a sua real responsabilidade, respondendo, em um nível profundo, à pergunta: Liderar para quê? Como aponta Otto Scharmer e Katrin Kaufer, vivemos em um sistema egocêntrico, que tem mostrado a sua falência em várias áreas, com incoerência e enormes desafios. Um novo sistema, ecocêntrico, se faz urgente e necessário. E para que esse novo sistema seja criado, precisamos ser capazes de ir além da negação da realidade, do cinismo – de que o que eu faço não gera consequências relevantes – e da depressão – de que eu, junto com o coletivo, não tenho o poder de mudar a realidade.[64] Ir além de tudo isso requer muitas qualidades, bem como mindfulness, compaixão e consciência. E o líder é fundamental nesse processo.

Resumo dos benefícios para o líder

Resumindo, mindfulness possibilita os seguintes benefícios ao líder:

- Contribui para a diminuição da ansiedade e do estresse do líder e de sua equipe, atuando em seu estado emocional e podendo ajudar no seu comportamento diante das demandas da empresa e das suas;
- Ajuda a ampliar significativamente a atenção, o foco, a percepção e a presença, elementos necessários para o líder se desenvolver, decidir e agir – ao se conhecer, conhecer e perceber/ouvir seus liderados e a realidade, etc.;
- Ajuda o líder a ter melhores relacionamentos, a ter clareza da realidade e a abrir espaço para a criatividade e a inovação, tanto suas como da equipe;
- Auxilia o líder a descobrir e/ou se alinhar com o seu propósito, a lidar com os dilemas da sua posição, a cuidar melhor de si e a ser mais saudável, física e mentalmente.

Mudanças, VUCA e mindfulness

Vivemos um momento em que a única coisa certa é que haverá mudança. Essa mudança tem se acelerado. É a era VUCA, sigla em inglês para volátil, incerto, complexo e ambíguo. Temos questões e problemas difíceis a serem enfrentados, e precisamos encontrar as soluções adequadas. O que sabemos e como vemos as coisas não têm sido suficientes até então. Ampliar nossa consciência é fundamental para construirmos algo novo e bom, para sermos capazes de fazer a necessária revolução no modo como vivemos e trabalhamos.

O grande problema não são as mudanças, mas como as pessoas lidam com essas circunstâncias. Mudanças acontecem, fazem parte da vida. Ocorre que elas trazem a necessidade de adaptação a algo novo, desconhecido, e acionam alguns sentimentos, como o medo, que, muitas vezes, atravancam o processo.

Alguns aspectos são fundamentais em relação a uma mudança concreta na empresa – bem como fora dela – ou à transição que vem logo após uma mudança. O primeiro passo é a consciência da mudança. O segundo é saber o que objetivamente essa mudança está pedindo que nós – tanto como grupo quanto individualmente – façamos a partir dessa nova realidade. O terceiro passo é o reconhecimento de eventuais resistências que impedem que façamos o que deveríamos. E, finalmente, com a consciência expandida, sermos capazes de fazer o que precisa ser feito, bem como estar confortáveis com a nova realidade provocada pela mudança e ser capazes de lidar com as novas situações que certamente virão. Esses passos necessitam de uma mente aberta, atenta e focada.

Praticar mindfulness é uma forma de enfrentar o medo, porque estando na presença não nos perdemos em pensamentos que o criam e em dúvidas e questionamentos fabricados pela mente, dissociados da realidade. Mindfulness dá suporte para as pessoas aceitarem os desafios, ressignificando a situação como uma oportunidade de crescimento em substituição ao simples "sinal de risco". Permite que as pessoas atuem com coragem, sem ignorar os elementos reais que exigem atenção e cuidado. Coragem não é ausência de medo; é agir com o coração, indo além do medo e não dando atenção aos pensamentos que se originam nele e que não encontram lastro na verdade.

Uma importante ferramenta para ajudar a implementar mudanças e aumentar a produtividade em organizações – empresas, governos, escolas, etc. – é a chamada Teoria U, desenvolvida por Otto Scharmer, professor do MIT consagrado pela contribuição que deu à gestão.

De forma sucinta, a Teoria U, que mostra uma jornada com começo, meio e fim – formando assim o "U" –, se inicia com um entendimento da realidade e da necessidade da empresa e de cada um na organização (os *stakeholders*), sem julgamento, apenas mediante observação. Isso inclui se abrir para os dados, bem como engajar e criar laços entre as pessoas. Com esse entendimento, deve-se refletir e se conectar com o propósito pessoal e coletivo, criando e compartilhando uma visão e permitindo o novo emergir. O último passo é cristalizar a nova visão, de forma alinhada, elaborando protótipos com as novas ideias, testando, aprendendo e crescendo, tanto como indivíduo quanto como organização.

Existem vários aspectos muito interessantes nessa teoria, como o uso da intuição, o entendimento de que a qualidade dos resultados em qualquer tipo de sistema socioeconômico é função da consciência e da atenção das pessoas que estão operando no sistema, entre outras. Especificamente com relação ao tema do nosso livro, a teoria "U" é baseada em um conceito central chamado "presencing", que é uma mistura das palavras "presence" (presença) e "sensing" (sentindo). Segundo o Presencing Institute, fundado por Otto Scharmer, a palavra significa "sentir, sintonizar e agir a partir do maior potencial para o futuro" e se refere à capacidade de "ver a partir de nossa fonte mais profunda", o que só é possível a partir da conexão com o presente. Em outras palavras, com mindfulness.

Engajamento

Toda empresa quer que seus funcionários tenham engajamento, pois ele é um dos pilares da alta performance. Mindfulness é um alimento natural da autorresponsabilidade - que elimina a vitimização e evita que culpemos o outro e/ou a empresa por não nos engajarmos – e do senso de propósito, que são elementos básicos para que nosso trabalho tenha um sentido maior além da mera sobrevivência, o que vai abastecer a força de vontade. Esses componentes impactam no engajamento e na retenção de talentos/pessoas que fazem a diferença nas empresas.

Podemos entender o engajamento como uma forma de fazer uma atividade, mas também como um contrato interno com o nosso coração, com a nossa alma ou com aquela parte de nós que podemos chamar de essência. Ele está diretamente ligado à capacidade de seguir o nosso propósito. A prática de mindfulness contribui para sermos nós mesmos, para agirmos de forma autêntica, inclusive dentro da empresa. E esse funcionamento autêntico tem diretas e positivas consequências no engajamento no trabalho. Este foi o achado de um estudo[65] que concluiu que o funcionamento autêntico, que gera maior engajamento no trabalho, é aumentado por treinamento em mindfulness dentro de empresas.

O grau de dedicação está diretamente relacionado à capacidade de estarmos inteiros no que estamos fazendo. Essa presença depende da nossa capacidade de concentração, de foco, que ao mesmo tempo permite que tenhamos mais saúde, vigor e energia, empregando o nosso máximo empenho em nossas tarefas. Em consequência dessa entrega obtemos ainda mais sensações de prazer, equilíbrio e satisfação com o trabalho se ele já estiver alinhado com o nosso propósito, ou, no mínimo, mais tolerância e resiliência, em atividades ou ambientes desagradáveis. Se somos capazes de manter o engajamento mesmo quando o ambiente externo é desfavorável, temos uma prova inequívoca de centramento, de foco e de autodomínio, que são bons frutos de mindfulness.

Criatividade e inovação

O processo criativo muitas vezes começa com um engajamento. Estudamos sobre algo, entendemos a fundo esse algo e, uma hora, largamos o raciocínio, deixamos de querer controlar a mente e nos abrimos para o novo, para o "insight". A criatividade surge naturalmente quando somos capazes de sair dos modelos mentais formatados, dominados por crenças, muitas ligadas ao medo – de não conseguir, de não ser capaz, de não ser criativo, de rirem de mim, etc. Ela vem dessa nossa disponibilidade de sermos nós mesmos e de irmos além do conhecido, que nos dá uma falsa sensação de segurança.

A criatividade pode ser aplicada a qualquer área de uma empresa – na comunicação, na inovação de um produto ou serviço, na revisão de um processo, na nova escala de trabalho, ou seja, em tudo.

Gosto muito do livro *Criatividade S.A.*, escrito pelo presidente da Pixar e Walt Disney Animation Studios, Ed Catmull,[66] que explica o modelo de trabalho implementado na empresa que vive o desafio de inovar a cada filme, de estar continuamente fértil no terreno da imaginação. Foi criada uma série de mecanismos na empresa para que seus colaboradores trabalhem da forma mais constante possível com espontaneidade, sem se prenderem a paradigmas – mesmo os de sucesso. Ele lembra que, no início, os criadores de uma empresa precisam ter uma mente de principiante, aberta a tudo, mas que, com o passar do tempo, acabam perdendo essa qualidade. Como já apontamos, manter uma mente de principiante é um dos elementos trabalhados em mindfulness. O piloto automático e os padrões de pensamento são tentadores. Quando acreditamos já ter chegado a algum lugar, nos acomodamos e transformamos uma fórmula em uma crença, que é sempre um circuito fechado. Estando nele, ficamos confinados em comportamentos viciados, sem perceber toda a realidade, inclusive da criação. O próprio Ed Catmull revela no livro que ele foi beber da fonte de mindfulness e que, entre outras coisas, isso o ajudou a entender melhor como grupos de pessoas criativas trabalham melhor em conjunto.

A inovação exige coragem e abertura a novas formas de pensamento, novas formas de compreender a vida. Ela exige uma flexibilidade cognitiva que pode ser descrita como a capacidade mental de alternar entre pensar em apenas dois conceitos diferentes – isto ou aquilo – e ter a capacidade de pensar em múltiplos conceitos simultaneamente. E como desenvolver essa flexibilidade cognitiva? A conclusão de um estudo[67] mostra que a prática de mindfulness contribui diretamente para esse desenvolvimento.

Há também uma pesquisa[68] que relaciona mindfulness com a resolução de problemas, mostrando mais uma vez a sua contribuição para a criatividade. Outro pequeno estudo[69] mostra que a meditação tem um impacto positivo na criatividade, principalmente promovendo o pensamento divergente, que é um estilo de pensamento que facilita a geração de novas ideias.

Se olharmos para os desafios que batem na porta das empresas, como a mudança no comportamento dos consumidores, as novas tecnologias, a crise de sustentabilidade, a era VUCA e tudo o mais, veremos a importância e a urgência da criatividade e da inovação. Elas podem trazer uma resposta para este mundo em mudança, para a premência de encontrar soluções para as necessidades que se apresentam. Fazer mais e melhor, com menos recursos, é um bom exemplo de onde a criatividade pode contribuir.

A criatividade flui melhor quando há espontaneidade, que é a capacidade de se manifestar de forma autêntica e espontânea. Isso significa que não basta parecer, nem mesmo fazer. É preciso ser. A espontaneidade surge mais facilmente quando o ambiente corporativo não está carregado de medo e de enclausuramento. A abertura permite receber aquilo que vem, sem oposição, com diversos ganhos de tempo, impacto e qualidade, como velocidade, produtividade, harmonia, criatividade, etc. Ela é fundamental para reconhecer, permitir e receber as inovações dentro e fora da empresa.

As empresas que realmente percebem a importância da criatividade e da inovação encontram em mindfulness um grande aliado.

Comunicação

Comunicação vem do latim *communicare*, tornar comum. Pressupõe que um mesmo conteúdo seja entendido tanto pelo emissor quanto pelo receptor. Mas como encontrar a melhor forma de nos comunicarmos? Precisamos estar presentes e atentos para perceber qual é o repertório e o que é importante para as pessoas ou grupos com quem conversamos. Saber claramente se os símbolos que usamos recebem a mesma interpretação de significados que empregamos. Isso vale tanto para a comunicação interpessoal direta como para produzir um texto, vídeo ou qualquer material. Estar inteiro na ação nos permite ter consciência para escolher as palavras certas, evitando ruídos, que impedem um entendimento adequado do que queremos dizer. Mais do que isso, é na nossa comunicação que podemos perceber diversos aspectos negativos, como preconceitos e violência, que geram reações e causam conflitos desnecessários dentro (e fora) das empresas.

A comunicação não violenta (CNV),[70] descrita por Marshall Rosenberg, é um tipo de abordagem que busca a parceria e a colaboração, onde o modo como falamos e ouvimos está relacionado à empatia, à compaixão e à capacidade de nos conectarmos com nós mesmos e com os outros, servindo inclusive como base para a construção de acordos. Nela se busca evitar os julgamentos e as ameaças, o que permite criar um clima positivo e motivador na empresa, construído com atenção e ética. Assim, uma hábil, não violenta e efetiva comunicação requer confiança mútua, sentimento fundamental para o bom relacionamento e para um saudável trabalho em equipe. Precisamos ouvir realmente as pessoas e reconhecer suas necessidades sem que essas mensagens sejam mescladas ao nosso julgamento prévio. Só conseguimos ter esse discernimento se estivermos atentos, no comando de nossa consciência.

De maneira geral, mindfulness tem uma influência direta na comunicação, bem como na intenção que está detrás dela, ou seja, quanto ela está voltada para construir e para não destruir. Afinal, palavras são como pedras. Elas constroem e edificam, mas também soterram e matam.

Pesquisa, análise e planejamento

Os responsáveis por pesquisa e análise de mercado precisam estar presentes e atentos para evitar se prenderem a vícios de percepção, paradigmas e estereótipos. Precisam exercitar a capacidade de observação o mais isenta possível, como uma página em branco. Entretanto, quem trabalha nesse setor sabe como a neutralidade completa é difícil de se obter, porque aquele que observa normalmente distorce em algum grau o que está sendo observado, por conta de sua história pessoal.

Para fazermos uma pesquisa e analisarmos os seus resultados, sem sermos tendenciosos, sem utilizá-los para moldar uma realidade em vez de efetivamente conhecê-la, precisamos aprender a deixar a mente limpa, aberta e receptiva.

E o planejamento segue a mesma regra. Como olhar e planejar os próximos passos – seja do dia, do mês, do ano ou qualquer outro – utilizando o conhecimento adquirido no passado, sem se perder no medo nem estar preso a eventuais padrões? Como avaliar e usar as tendências e probabilidades em um planejamento sem fantasiar ou se perder em pensamentos viciados, como os que desejam ser importantes, os que ignoram fatores impactantes, entre outros?

No começo da minha vida profissional eu trabalhei bastante com pesquisa, grupos focais (*focus group*), análise de viabilidade econômica mercadológica (estudo de mercado) e planejamento estratégico. Vi estudos sendo feitos para provar um ponto de vista – em vez de uma investigação mais aberta –, vi oportunidades perdidas de aprofundamento no entendimento em grupos focais – seja por falta de conexão/preparo dos participantes, por tendenciosidade do moderador ou por uma visão viciada dos *sponsors* da empresa –, vi falta de compreensão da oportunidade que um planejamento bem-feito e realista traz para uma corporação, vi falta de priorização adequada para concretizar o que foi planejado.

Muitas pessoas nas empresas, em vez de fazerem um bom planejamento, sofrem de uma doença chamada vício de agir, fruto de um piloto automático instalado que as impede de refletir e avaliar constantemente as suas prioridades e as da organização, gerando uma performance menor.[71] Mindfulness é um elemento que pode ajudar a transformar essas oportunidades desperdiçadas e melhorar a performance.

E-mail consciente

Muitas empresas já perceberam o tempo excessivo que as pessoas gastam lendo e respondendo e-mails. Um estudo[72] mostra que o e-mail é um dos principais obstáculos da produtividade em uma empresa; outro[73] aponta uma média de 125 e-mails por funcionário, enviados ou recebidos, por dia.

Esses dados mostram a importância de se lidar com consciência com o uso de e-mails. Algumas empresas estão inclusive tomando medidas assertivas para diminuir essa prática.

Mindfulness pode nos ajudar a sair do comportamento condicionado e trazer consciência ao uso do e-mail, para que usemos esta ferramenta adequadamente. Se estamos lendo e escrevendo com presença, vamos responder com precisão e foco, no tom adequado, priorizando as mensagens realmente importantes.

Um erro comum que passa despercebido, mas no final do dia compromete bastante a eficiência dos colaboradores, é ceder ao impulso da ansiedade para ler e responder a cada momento que chega um comunicado. Eliminar as notificações de recebimento de e-mail é uma atitude que ajuda a diminuir a tentação dessa distração. Organizar horários do dia para checar os e-mails, concentrando e limitando a sua atenção nessa tarefa, é o melhor caminho.

Outra prática negativa é copiar várias pessoas em um e-mail quando não é de fato necessário. Isso gera perda de tempo para aqueles que lerão o que não precisariam, mas também provoca uma reação, pois provavelmente serão recebidos muitos e-mails de volta – a velha regra da ação e reação. Minha sugestão é evitar que o medo injustificado ou um hábito equivocado nos conduza a incluir desnecessariamente alguém no remetente. Isso deve ser discutido com os colegas de trabalho, inclusive líderes e subordinados, criando um comportamento e uma lógica comum a todos e mais produtiva.

Uma regra bastante difundida é não responder de imediato a um e-mail provocativo ou que mexeu emocionalmente com você.

Aqui incluo os e-mails que nos deixam em dúvida quanto à intenção de quem os escreveu. Essa prática de não agir por impulso se torna mais fácil com mindfulness, tanto para não se perder nos pensamentos e sentimentos negativos gerados pelo conteúdo do e-mail como para saber qual a atitude mais apropriada. Focar os fatos, evitando conflitos emocionais desnecessários e, quando for pertinente, perguntar mais clara e objetivamente a intenção do emissor podem ajudar. Pode-se ainda decidir por deixar o e-mail de lado, pegar o telefone e esclarecer de maneira positiva a situação. É o mesmo que deixar que a inteligência emocional e a consciência nos guiem, com mindfulness.

Trabalho em equipe e mindfulness

A falta de equilíbrio emocional pode levar a escolhas que prejudicam a nós e a empresa. A desarmonia nos relacionamentos é um ponto de dispersão que gera grande perda de energia no ambiente corporativo.

Mindfulness é a base para uma das maiores aspirações das empresas: a união das pessoas. Imagine a força que uma organização adquire ao forjar um grupo engajado num projeto, onde cada um tem a real intenção de dar o melhor de si – para si e para o outro –, com todos remando na mesma direção, realmente unidos? Não tem pra ninguém! Para fomentar essa tão desejada união, é preciso criar um ambiente em que as pessoas se sintam respeitadas, acolhidas e conectadas, fazendo parte da iniciativa proposta.

A prática de mindfulness abre espaço para que isso aconteça. Como? Abrindo a mente das pessoas, trazendo espontaneidade, esclarecendo a realidade e a autorresponsabilidade, fazendo cessar o julgamento, incentivando a transparência e a confiança.

Existe um conceito chamado *flow* (fluxo),[74] desenvolvido pelo psicólogo húngaro Mihaly Csikszentmihalyi, que pode ser descrito como um estado de consciência e inclui concentração mental, flexibilidade, alta perícia na execução e prazer/satisfação no que se faz. A alta concentração mental e a imersão possibilitam nos sentirmos encaixados, em sinergia e harmonia com todos os envolvidos na ação. E os relacionamentos fluem positivamente. Muitas vezes, quase que sem precisar falar, um já sabe o que tem que fazer para complementar o outro; tudo acontece naturalmente, sem esforço ou gasto de energia desnecessário. Vejo que o *flow* em uma empresa significa o trabalho em equipe na sua melhor forma. E muitos de seus elementos são diretamente relacionados com mindfulness, como o foco e a concentração no momento presente, sendo a experiência um desdobramento dessa presença, com a recompensa positiva intrínseca à própria atividade. O autor do conceito também menciona a meditação como forma de treinar o fluxo.[75]

Infelizmente, não é esse estado que vemos na maioria das empresas, onde os relacionamentos costumam ser muito difíceis, em boa parte por conta da característica de projetar conteúdos nossos nos outros, o que cria conflitos – reais e imaginários – intermináveis. O foco das relações gira em torno da vontade de querer transformar o outro naquilo que gostaríamos que ele fosse, para que faça as coisas do jeito que queremos. Os desdobramentos negativos são muitos, pois interferem nas nossas emoções, na nossa satisfação, na produtividade, no lucro, na saúde dos envolvidos, entre outras coisas.

A prática de mindfulness ajuda a reverter esse quadro, contribuindo para um estado de consciência em que as pessoas atuam de forma receptiva e não julgadora. Neste sentido, uma interessante pesquisa[76] mostrou que mindfulness também serve como um regulador das emoções, reduzindo o esgotamento e melhorando a satisfação no trabalho.

Relacionamento, confiança e mindfulness

Um estudo[77] realizado por Morgan e Hunt sobre marketing de relacionamento mostra que a base para boas relações interpessoais nas empresas está fundamentada em dois aspectos principais: a confiança e o compromisso na relação, sendo que este último é dependente do primeiro. Em outras palavras, confiança é tudo. Mas como estabelecer a confiança em um ambiente profissional? Mindfulness é um instrumento poderoso para desenvolver o alicerce de valores como honestidade, integridade, autorresponsabilidade e gentileza. Sua ligação com a ética promove a intenção positiva e a competência, que são a base da confiança. Ninguém se compromete com alguém que não transmite o desejo de fazer algo de bom ou que demonstra não ter competência para a função que exerce.

Muitas vezes vemos projetos patinarem por falta de interação e sinergia das pessoas, oriunda de uma "aliança de plástico", sem confiança, que entrelaça os relacionamentos profissionais. E se não estamos criando união, estamos jogando contra. Precisamos acalmar a mente para ver o que acontece e trabalhar a mudança necessária, dentro, para que o externo possa se manifestar. Mindfulness abre espaço para que possamos fazer essa transformação e entrar na confiança e no *flow*, a partir da presença.

Negociação e mindfulness

A negociação está presente na quase totalidade das interações humanas, afetando diretamente os relacionamentos. Nós negociamos todos os dias, com diferentes pessoas, para diferentes fins. Uma negociação bem-feita envolve diversas habilidades e deve ser vista como um processo, com etapas a serem cumpridas. As características e habilidades necessárias para isso incluem: ter clareza dos objetivos da negociação; não se prender em posições, mas em objetivos; entender o que a outra parte precisa; saber se comunicar de forma clara e positiva; ter inteligência emocional; estar atento aos próprios sinais não verbais e aos da outra parte; ser capaz de improvisar e ser criativo quando necessário; entre outros. Todos esses aspectos são contemplados pela prática de mindfulness.

Neste sentido, quatro dimensões ou benefícios de se utilizar mindfulness em uma negociação podem ser mais bem compreendidos a partir de uma pequena adaptação de um estudo feito por Jamil Awaida:[78]

1. Compreensão de si mesmo e dos outros, inclusive do que não é dito e mostrado, mas que afeta a negociação;
2. Comportamento adequado, pela capacidade de se concentrar no momento presente e nos fatos, de ouvir a todos, de ser verdadeiro, de improvisar, de refletir, de colaborar, etc.;
3. Capacidade de tomar boas decisões, estando ciente do seu objetivo, da realidade, das suas necessidades, das necessidades do outro e dos benefícios de se chegar a um acordo;
4. Inteligência emocional e autoconsciência, que dão suporte aos itens anteriores.

Conforme sugerido, a prática das técnicas formais de mindfulness deve ser feita regularmente, antes de uma negociação ou de qualquer outra atividade, pois nos permite estar presentes e inteiros a todo momento. Além disso, uma prática que pode ser utilizada no meio de uma negociação é uma parada de um minuto, em silêncio, com foco na respiração, principalmente quando se percebe que as pessoas envolvidas começam a se perder em sentimentos negativos. Essa parada ajuda a trazer a consciência de volta para o comando, evitando ações e decisões baseadas em sentimentos como irritação, raiva, medo, etc.

William Ury, professor e cofundador do Programa de Negociação de Harvard, autor de diversos livros sobre o assunto, é um dos que incentivam a prática de mindfulness, oferecendo inclusive um curso que combina meditação com mediação.[79] Ele diz que o primeiro passo para se chegar a um sim com os outros é chegar a um sim consigo mesmo, e que se manter no presente é um dos pilares desse processo.[80]

Toda empresa e todo profissional precisam vender. Todos vendemos, quase o tempo inteiro, mas por que não são poucas as pessoas que veem uma conotação negativa na palavra "vendas"? Porque quase todos já passaram por alguma experiência malsucedida ou malconduzida, em que a venda foi tratada como um "empurra", com uma intenção egoísta e unilateral de ganho, e não como uma troca. A reversão dessa realidade passa por diversos aspectos e atitudes, como a clareza das informações prestadas, o interesse do vendedor em atender às necessidades do comprador, a forma como se tratam os eventuais problemas ou reclamações, entre outros.

Outra questão é que muitas empresas têm dificuldade em atingir vendas em patamares necessários para as suas necessidades. E, entre outros motivos, isso acontece por falta de planejamento adequado e de verdadeiro engajamento.

Existem pontos que são fundamentais para uma boa venda. Como consumidores, quando conversamos com alguém para comprar algo, um fator pode despertar a atividade da amígdala e do córtex pré-frontal: a ameaça de sermos enganados. Essa possibilidade faz com que procuremos no interlocutor sinais de que o que ele está nos falando é verdade.

O vendedor precisa mostrar convicção na sua comunicação verbal e não verbal, porque essa emanação de que seu discurso está baseado na verdade vai gerar um vínculo de confiança. Por outro lado, se ele estiver mentindo, muitas vezes o seu corpo vai denunciá-lo. E a comunicação é de duas vias, pois saber ouvir e entender as necessidades do consumidor e como ele entende/percebe as informações é um ponto-chave do sucesso no processo de venda.

A ansiedade, fruto de uma mente irrequieta, é um sinal de fumaça que pode indicar a presença de uma ameaça. A falta de inteligência emocional também é desastrosa. Por outro lado, um vendedor calmo, equilibrado e espontâneo influencia positivamente a nossa avaliação a respeito de sua honestidade e gera confiança. Quanto mais inteiro e focado estiver o vendedor, mais fácil será sua venda. Se isso vale para qualquer venda, tem um peso ainda maior quando falamos de produtos ou serviços de maior valor agregado ou com aspectos emocionais envolvidos.

O que faz a diferença para uma venda bem-sucedida é uma escolha real em oferecer um produto/serviço adequado e atender a uma ou mais necessidades das pessoas, em vez de focar somente em ganhar dinheiro – aliás, as duas atitudes não são incompatíveis. Como em outras áreas da empresa, existem diversos valores que ajudam, como honestidade, transparência, integridade, engajamento, gentileza, ética, etc. Estes valores são bastante fortalecidos por mindfulness, em que tudo começa com clareza da realidade e das intenções.

Atendimento e mindfulness

Dar um bom atendimento envolve aspectos técnicos, como ter a informação ou saber fazer algo; processuais, que incluem a estrutura do atendimento, como as suas fases até atender a uma determinada solicitação; e atitudinais/emocionais, que se referem à forma como agimos e impactamos os outros. Basicamente, as mesmas características apontadas em vendas são fundamentais para um bom atendimento. Isso vale para todos de uma empresa, mas tem um peso ainda maior para quem exerce esta função o tempo inteiro, como recepcionistas, atendentes de call center/SAC, entre outros. Esses colaboradores normalmente sofrem grandes cargas emocionais, que podem ser amenizadas ou mais bem trabalhadas por meio do treinamento em mindfulness e inteligência emocional, lembrando que inteligência emocional depende de mindfulness.

Foco, calma, equilíbrio e centramento são qualidades realçadas e necessárias para que os atendentes lidem com consumidores alterados em seu estado de ânimo, independentemente do motivo. Não é nada fácil atender alguém que está colocando a raiva para fora, sem que quem atende se identifique com esse sentimento negativo e responda na mesma moeda ou com indiferença, o que só alimentaria o conflito. É preciso agir e não reagir para evitar um descontrole maior da situação. Mindfulness também abre espaço para o desenvolvimento de outras competências primordiais como a empatia, a compaixão e a vontade de ajudar. Esta última talvez seja a característica mais importante quando queremos investir em um bom atendimento.

Reuniões produtivas

O número de reuniões nas empresas cresceu muito, bem como o número de pessoas incomodadas com isso. Muitos alegam que elas nem sempre produzem um resultado objetivo, além de se estenderem por um tempo desnecessário. Alguns participantes relatam que não precisariam nem estar presentes. Pesquisas[81] indicam algo em torno de 30% de tempo perdido em reuniões, chegando, em alguns casos, a 50%.

Tudo começa com quem vai solicitar a reunião, pois isso exige consciência e algum trabalho prévio, como a definição clara do que será tratado – com um esclarecimento no convite – e de quem deve realmente participar –, nem mais, nem menos. É importante estipular um horário para começar e para terminar, respeitando efetivamente a hora marcada ou terminando antes, quando a reunião objetiva for mais rápida do que o esperado. Eu particularmente sugiro que se inicie a reunião com um minuto de silêncio, ajudando as pessoas a "limparem" a mente a fim de focar 100% do tema a ser abordado.

Uma qualidade óbvia e muito impactante em reuniões, mas que é muitas vezes subutilizada, é a capacidade de prestar atenção no que cada colega está falando, sem mexer no smartphone/computador nem ocupar a mente com qualquer outra distração, como conversas paralelas. Mas isso só acontece se estivermos no estado de presença, com a mente limpa, com a intenção direcionada para ouvir. Um trato básico que pode ser feito, e relembrado sempre que necessário, é o de que os celulares sejam desligados ou colocados no modo avião, exceto em situações realmente excepcionais.

A gestão da reunião deve ser feita de forma atenta para não se desviar do tema em questão, chamando de volta quem vier a se perder do foco. Da mesma forma que em uma negociação, uma parada de um minuto em silêncio pode ser útil quando houver um conflito crescente, com elementos emocionais, ou mesmo quando o nível de atenção ou energia do grupo estiver baixo, trazendo a atenção e a energia de cada um de volta para o momento presente.

Algo comum em certas reuniões é a necessidade de se fazer uma apresentação sobre determinado tema, como planejamento, novo produto, projeto, resultados da empresa, etc. Mindfulness nos ajuda a ter clareza do que apresentar - considerando o objetivo da apresentação, quem vai estar na reunião e o tempo disponível -, maior controle das emoções - evitando a exaustão emocional - e autoconfiança, que é imprescindível para que nos sintamos seguros para fazer uma boa apresentação.

Segurança no trabalho e mindfulness

Um tema às vezes pouco abordado em mindfulness nas empresas é a questão da segurança no trabalho. A principal causa de acidentes nas empresas sérias é a falta de atenção. Eu chamo de empresas sérias as que cumprem o protocolo de segurança, fazendo um bom mapeamento dos riscos, fornecendo equipamento de proteção individual completo aos funcionários, estabelecendo procedimentos e processos adequados e bem definidos para situações de risco, oferecendo equipamentos e ferramentas necessários para diminuir ao máximo os riscos e treinando seus colaboradores para o entendimento, o uso e a observação dos itens anteriores.

Nessas empresas, a desatenção ou distração do colaborador é a principal causa de acidentes. Assim, treinar a atenção é, ao meu ver, no mínimo tão importante quanto os outros itens para a segurança no trabalho.

Na atuação segura de um profissional, eu vejo quatro tipos de atenção necessários para se evitar um acidente. Estes quatro tipos de atenção também podem ser vistos como uma resposta a algumas questões:

1. Atenção consigo mesmo: Estou seguro em fazer isso? Estou usando o EPI? Estou me sentindo bem física e mentalmente?
2. Atenção com o outro: Onde os outros estão? Que riscos existem para eles? O que devo fazer para diminuir os riscos?
3. Atenção com o ambiente: Qual é a situação? Tenho tudo de que preciso agora? Os equipamentos são adequados? Quais são os riscos relativos ao lugar em que atuo?
4. Atenção com o procedimento: Qual é o meu objetivo? O que a norma diz que precisa ser feito? Por quê? Qual é o melhor plano para lidar com esta situação? Estou seguindo o procedimento? Como sei se fiz o certo? Quais são os limites e como lidar com determinadas situações potenciais?

Um exemplo do uso de mindfulness e segurança do trabalho que tive a oportunidade de acompanhar e para o qual contribuí no início é o da AES Eletropaulo, que realizou várias oficinas de sensibilização sobre mindfulness com foco em seu quadro de funcionários que atuam no sistema elétrico (por exemplo, serviços de manutenção e reparo da rede de distribuição) e leituristas. Em números objetivos, foram cerca de 3 mil colaboradores treinados em uma primeira onda, com o tema muito bem aceito.

A atenção é um ingrediente fundamental para a segurança, dentro e fora das empresas. Por isso deve ser valorizada e cultivada.

Ética, compliance, valores humanos e mindfulness na empresa

Nunca se precisou tanto de ética nas empresas. Um exemplo é o grande crescimento da área de compliance nas corporações em resposta à evidente falta de conduta correta das pessoas, de agir como se deveria. No Brasil e no mundo temos inúmeros casos de corrupção nas empresas sendo desvendados, gerando enormes prejuízos a todos e, às vezes, solapando as empresas envolvidas.

Entretanto, focar somente compliance, regras e controles, sem abordar o que gera uma conduta errada, implica muitas limitações e um custo excessivo. A ética, junto com compliance, precisa ser efetivamente desenvolvida. Mas o que é ética? Esta palavra tem muitos sentidos, mas um bastante comum é este: ética é aquilo que nos inspira a fazer o bem, o certo. A ética deve estar baseada nos valores humanos, que direcionam nossa conduta como seres humanos, para irmos além da simples condição animal, instintiva, com foco na sobrevivência. Despertar os valores humanos é fundamental para a prática da ética na empresa.

A existência desses valores e da ética serve de base para a confiança, elemento tão importante para os relacionamentos. E a verificação da existência da ética se dá a partir da análise de seus três pilares: ação, consequência da ação e intenção. Algumas perguntas ajudam nessa análise:

1. A ação é positiva, ou seja, o que estamos fazendo é o que deve ser feito?
2. A consequência da ação é positiva? Os efeitos, resultados e impactos gerados são positivos?
3. A intenção de quem pratica a ação é positiva? Essa pessoa está realmente pensando no bem de todos (de si mesma e dos outros)?

Talvez o ponto mais delicado nessa análise seja verificar a

intenção positiva, porque a ação nós conseguimos enxergar, as consequências também, pelo menos até certo ponto – pois há impactos que não são percebidos ou que se manifestam somente depois de muito tempo –, mas a intenção é muito individual, carregada de sutilezas e, às vezes, contradições. É fácil, inclusive, mentirmos para nós mesmos, achando que queremos ajudar, mas escondendo inconscientemente outras intenções, como inveja, orgulho, etc. Uma intenção é positiva se for baseada nos valores humanos. Já vimos que os valores humanos, como honestidade, integridade, autorresponsabilidade, gentileza, compaixão, entre outros, são fortalecidos e mais facilmente desenvolvidos com o uso de mindfulness.

Muitas vezes somos tomados por valores negativos e distorcidos, que se manifestam em preconceitos e crenças, que funcionam como uma espécie de piloto automático. Eles influenciam nosso comportamento e nos afastam das pessoas, seja por julgarmos sua raça, etnia, gênero, religião, peso, visão política ou qualquer outra coisa. Eles também nos fazem muito mal, criando tensão, conflito e estresse. Hoje existem estudos[82] que mostram a ajuda de mindfulness para a diminuição dos preconceitos e vieses, que são opostos aos valores humanos.

Muitas decisões antiéticas se manifestam a partir da falta de consciência da realidade e de nós mesmos. Mindfulness ajuda a ampliar essa consciência sobre as nossas ações, as consequências de nossas ações e as nossas reais intenções; também ajuda, a partir do suporte à auto-observação e à autoinvestigação, a transformarmos intenções negativas e destrutivas em positivas e construtivas.

Essa lógica pôde ser observada em um interessante estudo[83] em que indivíduos com maior grau de mindfulness, medido em uma escala específica, quando comparados com indivíduos de menor grau, tenderam a agir mais eticamente, a valorizar mais os padrões de comportamento adequado/ético – moral "positiva" – e a adotar um processo formal de tomada de decisão ética. Em um segundo estudo, em que se usaram parâmetros semelhantes, verificou-se que pessoas com maior grau de mindfulness tendem a enganar e trapacear menos. Tomados em conjunto, esses resultados demonstram importantes conexões entre mindfulness e a tomada de decisão ética.

Sobre o orgulho

Em meu trabalho com ética junto à liderança nas empresas, observo que o orgulho talvez seja o principal inimigo. É comum ver um querer ser melhor do que o outro, para que a sua opinião seja a mais valorizada, para que tenha mais poder, para ser mais reconhecido. Às vezes isso aparece de maneira evidente, pela arrogância e a prepotência, outras vezes se manifesta de forma mais sutil, como em embates intermináveis de "pontos de vista". Em culturas organizacionais mais competitivas, os líderes são inclusive estimulados a ter esse comportamento.

Obviamente, é saudável e necessário que haja pessoas diferentes com ideias distintas, pois isso traz inúmeros benefícios à empresa, mas é importante que elas estejam abertas para construir e compor. Trata-se de um equívoco querer impor a nossa vontade a todos, de forma autoritária, apenas pela concentração de poder ou por um convencimento forçado. É possível perceber o orgulho por trás desses comportamentos, criando muitos conflitos, desengajamento, causando perda de tempo, de energia e de performance.

Mindfulness cria espaço para que enxerguemos a sua atuação, permitindo que a humildade, que é o antídoto do orgulho, se manifeste. Com a mente mais calma é possível perceber essa realidade e transformá-la, restabelecendo uma atitude ética. Só conseguimos ter êxito no minucioso trabalho interior de integrar ou superar o orgulho quando percebemos sua atuação em nosso psiquismo, bem como as consequências negativas que ele traz à nossa atuação profissional e pessoal.

Perdão na empresa

O perdão é um valor bastante conhecido como sendo fundamental para os relacionamentos e para que possamos transformar uma intenção negativa, como a vingança, em uma positiva, como querer ver o outro brilhar. Um estudo[84] associou uma prática mais intensa de mindfulness como indicador de um maior nível de perdão em relação ao(à) companheiro(a) que havia sido infiel. Perdoar, no caso, não significa manter a relação – pois metade das pessoas pesquisadas já não estavam mais juntas –, mas abrir mão do remorso e da raiva. Se mindfulness pode ajudar na recuperação emocional, reduzindo a identificação com a raiva, em uma situação tão delicada como essa, também pode ajudar em muitos outros casos.

Embora não seja muito falado, o perdão também é necessário na empresa, pois o conflito entre colegas, que até certo nível é inevitável, se não for direcionado e devidamente observado, pode gerar estresse, falta de engajamento e baixa produtividade. A mágoa e o ressentimento geram reações, inclusive de boicote às ações de outros.

Uma interessante iniciativa de uma empresa chamada Acordos de Paz[85] traz um foco do autoconhecimento na comunicação para a solução dos conflitos, utilizando como pano de fundo mindfulness para ajudar as pessoas a entender melhor a realidade, suas necessidades, as necessidades do outro e, a partir desse aumento de consciência, construírem um acordo. E nos conflitos já instalados, esse acordo pode levar ao perdão. Além de restabelecer a ética e a harmonia, impacta diretamente nos resultados da empresa. Entretanto, a abertura e a percepção para essa atuação só ocorrem com a mente calma e focada no momento presente, com mindfulness.

Sustentabilidade, responsabilidade social corporativa e mindfulness

A sustentabilidade e a responsabilidade social corporativa são tanto consequência como parte da ética. Vivemos uma grande crise de sustentabilidade, fruto do desequilíbrio e da falta de ações e políticas sustentáveis em diversas áreas, como gerenciamento de recursos naturais, da água, da poluição, do lixo, etc. Esta crise, mais do que nunca, exige uma resposta das empresas – que têm parte direta na geração desse desequilíbrio –, com ações concretas para ajudar a reverter esse quadro. Para isso, as pessoas que trabalham nas empresas, principalmente sua liderança, devem estar conscientes e agindo na direção da sustentabilidade.

Neste sentido, e mostrando claramente a importância e os benefícios de mindfulness neste campo, um interessantíssimo estudo,[86] chamado de projeto RESPONSE, fruto do objetivo da Comissão Europeia de construir uma parceria mais forte entre empresas e sociedade, foi realizado durante três anos por uma equipe multidisciplinar de pesquisadores acadêmicos de um consórcio de escolas de negócios líderes na Europa e uma consultoria de treinamento, com implicações de mindfulness.

O estudo, entre outras coisas, focou o entendimento dos aspectos que influenciam o alinhamento entre as empresas e os *stakeholders* – que são as outras partes interessadas, impactadas pelas ações da empresa, incluindo a sociedade em geral – em responsabilidade social corporativa (RSC), bem como em avaliar a eficácia relativa de diversas intervenções de treinamento sobre o desenvolvimento da consciência social em gestores.

Entre seus achados, vemos que há uma grande diferença entre a compreensão dos gerentes (das empresas) e das outras partes interessadas sobre o que constitui as responsabilidades sociais da empresa. Os gerentes parecem estar vinculados a uma visão conservadora da responsabilidade corporativa, focada principalmente em se abster de impactos negativos, em não prejudicar, em vez de uma tentativa proativa de ter um impacto positivo na sociedade, ou seja, fazer o bem, a ética. Além disso, os gerentes apresentam uma consciência relativamente limitada da responsabilidade de sua empresa a partir dos limites legais e morais, enquanto as outras partes interessadas têm uma noção mais ampla dessa responsabilidade.

Para reverter esse quadro, o estudo verificou que a abordagem padrão de educação executiva baseada em discussões e análises de casos não contribui de maneira efetiva para que os gerentes tomem decisões mais socialmente responsáveis. Por outro lado, verificou que programas de coaching baseados em técnicas de introspecção e meditação, sem qualquer discussão sobre tópicos específicos de responsabilidade social, apresentam um impacto significativo na probabilidade de os gerentes atuarem de forma mais socialmente responsável.

Tendo em vista esse achado, o estudo sugere que as instituições de ensino em gestão reconsiderem a abordagem adotada atualmente no desenvolvimento de habilidades e sensibilização de gestores sobre RSC e passem a incluir e oferecer meditação/mindfulness em sua grade curricular.

Ao falar de negócios e mindfulness, quero apenas lembrar o enorme desafio que temos em relação à sustentabilidade e à responsabilidade social, no que se refere à impossibilidade de mantermos o atual ritmo de consumo (e vendas), usando os recursos naturais da maneira que temos feito até agora. A humanidade já consome cerca de uma vez e meia os recursos do planeta, ou seja, 50% acima da capacidade de renovação da Terra.[87] Por outro lado, todas as empresas trabalham para vender e produzir mais. Como a gente fecha essa conta? Talvez mindfulness nos ajude a entender isso em um futuro próximo e a encontrar uma solução para esta bomba-relógio.

Mindfulness e propósito da e na empresa

Já vimos que mindfulness possibilita clareza sobre o que eu quero fazer, sobre o que o meu íntimo pede, ou seja, sobre o meu propósito. Isso é fundamental na vida, bem como na empresa, pois o propósito é um grande influenciador do engajamento.

Entretanto, um aspecto pouco abordado é o da importância e do caminho para o alinhamento entre o propósito pessoal e o propósito da empresa.

Para que haja esse alinhamento, dois passos precisam ser dados: definir com clareza o propósito da empresa e o propósito de cada colaborador. A partir desse real entendimento, é possível perceber e construir pontos em comum, diretos e indiretos, que atendam e alimentem cada propósito e interesse, já que as ações caminharão na mesma direção. Esse é um processo bastante desafiador, pois significa um aprofundamento no entendimento da realidade, bem como de uma visão compartilhada rumo ao crescimento de cada um, indivíduo e empresa. Mindfulness tem muito a contribuir para a clareza, compreensão, autorresponsabilidade, colaboração, entre outros aspectos que afetarão essa real parceria e esse caminhar conjunto.

Felicidade na empresa

Eu fico impressionado com a quantidade de pessoas infelizes dentro das corporações. Muitas nem têm consciência disso, mas sua forma de pensar, sentir e agir demonstra essa realidade. Uma pesquisa[88] bastante reveladora, que gerou um livro, feita com mais de mil executivos brasileiros (entre pesquisa qualitativa e quantitativa), constatou alguns desequilíbrios e indicadores de infelicidade nesse "segmento". Um dado que chamou bastante minha atenção foi a resposta à pergunta sobre as crises que mais marcaram os executivos, em que os três primeiros e principais itens foram: (1) morte de um familiar próximo (com 39%); (2) grande mudança de responsabilidade no trabalho (com 37%); e (3) problemas com o chefe (com 35%). Os próprios autores consideram espantoso que esses três itens sejam basicamente equivalentes. Outro dado interessante é o título de um dos capítulos do livro, voltado para as executivas, que fala por si mesmo: "Mãe, meu nome é culpa". Para mim, esses são sinais claros do sofrimento que o trabalho causa, muito devido aos desequilíbrios, à inconsciência e às dificuldades psicológicas e de relacionamento. Uma das chaves que os autores dão para lidar com esses desafios e reverter a situação de infelicidade de muitos executivos está em duas palavras: simplicidade e equilíbrio.

Mindfulness pode dar um significativo suporte para a realização dessas duas palavras, bem como para o desenvolvimento da consciência e das capacidades psicológicas e de relacionamento.

Nenhum trabalho é livre de desafios nem, muitas vezes, de estresse. A nossa felicidade na empresa está diretamente relacionada com a nossa capacidade de enfrentar os desafios de forma aberta, inteira, sem reclamações e acusações, aprendendo com os erros e fazendo o que deve ser feito. E isso tem muito a ver com paciência e resiliência.[89] Ambas exigem um estado mental focado e tranquilo, sem se perder em pensamentos negativos. Ou seja, um estado mental com mindfulness.

O propósito é outro elemento fundamental, pois dá motivação para lidarmos com tudo, além de alimentar o engajamento, o entusiasmo, o interesse e o contentamento no trabalho.

No livro[90] *Como ser feliz no trabalho*, Annie McKee sugere três elementos básicos, que são diretamente influenciados por mindfulness:

- Significado ou propósito, mostrando que nosso trabalho faz diferença e está alinhado com os nossos valores;
- Esperança ou otimismo, tendo a percepção de que o nosso futuro pode ser melhor se entendermos mais sobre as nossas necessidades e atuarmos neste sentido;
- Amizades e relacionamentos positivos, criando conexões com os outros.

Isso não significa ignorar outros aspectos importantes, como remuneração justa e boas condições de trabalho. Entretanto, compreender quais são os aspectos-chaves para gerar felicidade, e usá-los, faz diferença nos resultados da pessoa e da empresa.

Essa lógica encontra ressonância no estudo da felicidade, ou bem-estar, conforme prefere apontar Martin Seligman, que descreve os cinco pilares do bem-estar como PERMA – Emoções Positivas, Engajamento, Relacionamentos, Significado e Realização.[91] A prática de mindfulness serve de suporte para o desenvolvimento de cada um desses pilares.

Mindfulness em ONG's e instituições

Quero dar um destaque à capacitação e ao uso de mindfulness em organizações não governamentais (ONG's) e instituições dedicadas a efetivamente tornar o mundo melhor. Tudo o que falamos sobre empresas cabe a essas organizações, mas vejo a oportunidade de um chamado ainda mais forte para a existência de propósito e conexão nas pessoas que nelas atuam.

Por todos os desafios que enfrentamos neste mundo, a atuação dessas entidades é muito importante. E vejo nesse fazer o bem uma porta para a felicidade coletiva e pessoal.

Um interessante estudo[92] realizado pela Universidade de Michigan apontou que as pessoas que realizam trabalhos voluntários podem aumentar a expectativa de vida em cerca de quatro anos em relação àquelas que não praticam o voluntariado. Entretanto, isso é válido somente para aqueles que adotam a atividade com a intenção de fazer o bem ao próximo, e não a si mesmo. De acordo com o estudo, aqueles que decidem aderir ao voluntariado por razões consideradas "egoístas" pelos pesquisadores, como melhorar o currículo ou desenvolver uma nova habilidade, tinham uma expectativa de vida semelhante à daqueles que não faziam nenhuma atividade voluntária. Para chegar à conclusão foram examinados dados do Wisconsin

Longitudinal Study, que conta com uma amostragem de mais de 10 mil estudantes desde a sua formação no ensino médio, em 1957. A análise foi feita em 2008, quando 51,6% dessa amostragem era composta por mulheres com idade média de 69 anos.

Gosto de citar esse estudo porque, para mim, ele traz um elemento mais concreto de mensuração de que fazer o bem faz bem, bem como ajuda a incentivar o trabalho voluntário bem-intencionado. Pensando nas ONG's, dois aspectos que mindfulness pode influenciar, entre vários outros, são: (1) despertar e ajudar na conexão com o propósito e a atuação do voluntariado, contribuindo para a presença mais forte nesse público dos valores "serviço" e "dedicação"; e (2) dar mais clareza e precisão à tomada de decisão, aumentando positivamente o impacto de suas ações na sociedade e nas pessoas que nelas atuam.

Minha experiência em treinar esse público sempre foi muito gratificante, pois sinto que mindfulness é uma forma de regar o melhor em cada um de nós, como o nosso altruísmo. Um dos programas que apliquei tinha como objetivo fortalecer e contribuir para o foco e a paz mental de voluntários de uma entidade[93] que, entre outras coisas, ajuda refugiados com histórias muito difíceis de violência, opressão e morte. A prática de mindfulness também auxilia os voluntários e trabalhadores das ONG's a lidar com a "maldade" e as contradições do ser humano sem perder a força de vontade nem ser afetados física e mentalmente pelo estresse, pela depressão e por sentimentos negativos.

Mindfulness na vida

Aqui abordo alguns temas relacionados a mindfulness na vida em geral, nos relacionamentos pessoais, na sexualidade, na busca por propósito.

Mindfulness e os relacionamentos pessoais

Os relacionamentos pessoais funcionam como um dos principais termômetros para saber como estamos em termos de inteligência emocional, de controle da atenção e de equidade mental, pois somos colocados à prova. Em outras palavras, é nesses relacionamentos que os nossos pensamentos compulsivos são acionados e os nossos aspectos psicológicos e emocionais ainda não resolvidos vêm à tona, provocando comportamentos negativos, para nós e para os outros, particularmente quando deixamos a nossa atenção ser levada por pensamentos negativos e acusatórios. Treinar a atenção olhando a beleza de uma flor é fácil, mas junto ao par, convivendo, este é o grande desafio.

Por isso vejo que o maior desafio atual do ser humano é saber se relacionar sem se ferir e sem ferir o outro, sem querer, de alguma forma, vingar-se. Essa vingança vem de uma projeção, relacionada à crença de que o outro nos deve alguma coisa. A incapacidade de criar união é o que está por trás da quase totalidade das crises, pessoais e coletivas.

A crença de que a felicidade vem de fora nos tira do foco, da atenção correta. Esse entendimento de dependência do outro para ser feliz puxa o pior de nós, pois traz medo e raiva dessa posição.

O nosso aprendizado é ressignificar as relações, encontrando a fonte da felicidade dentro de nós. Só uma pessoa que encontra o seu centro pode ser independente, sem ser indiferente, e se relacionar sem machucar o outro, criando união. E para ressignificar precisamos ser capazes de treinar a nossa atenção para não nos perdermos em pensamentos de acusação.

Como vimos, a fisiologia do nosso cérebro (amígdala) e o nosso psiquismo "impulsionam" a tendência de ver o outro como uma ameaça e de nos enxergarmos como vítimas do mundo, como alguém que está sob constante ameaça. Vimos também que a confiança é a base dos relacionamentos. Mas como é difícil confiar! Os relacionamentos que vivemos atualmente são vistos de forma distorcida pelos filtros de experiências passadas, por acontecimentos que acarretaram frustração de expectativas e sofrimento.

As relações conjugais, que trazem a possibilidade de maior intimidade, apertam todos os nossos botões de emoções mal resolvidas e acionam aspectos nossos que gostamos de esconder dos outros – e que escondemos de nós mesmos, por vergonha, medo, raiva, orgulho, etc. Como consequência, eles fazem a atividade da amígdala disparar, por "entender" que estamos numa zona de total insegurança. Por isso é tão difícil se relacionar intimamente de forma madura, verdadeira, equilibrada e pacífica. A prática de mindfulness estimula a nossa capacidade de olhar de maneira aberta e objetiva para tudo, sem nos identificarmos e julgarmos, apenas observando.

Uma situação concreta e comum em relacionamentos próximos ou íntimos são conversas difíceis, ou seja, conversas sobre temas delicados, onde existem visões, percepções e pontos de vista diferentes, e que podem gerar medo, ciúme, raiva ou outros sentimentos negativos na outra pessoa e em nós mesmos. Uma importante estratégia para lidar com esse tipo de situação é se manter presente, prestando atenção na proposta e no objetivo da conversa – resolver algo delicado de uma forma que todos se sintam respeitados –, bem como no que você e o outro estão comunicando – palavras, corpo, etc.

A prática de mindfulness nos ajuda a transformar o nosso olhar. Em vez de enxergar o outro como responsável pela nossa infelicidade, abrimos espaço para enxergá-lo como um professor que nos ensina a olhar para determinados temas internos, porque ninguém é capaz de gerar em nós sentimentos que já não temos. É necessário ter humildade para chegar a esse ponto.

As práticas de escuta ativa, de inteireza nas interações, de percepção de pensamentos e intenções negativas próprias e de escolha de uma intenção positiva são algumas ferramentas que as técnicas de mindfulness nos oferecem para um melhor relacionamento, além de toda a abertura para o desenvolvimento do autoconhecimento, da integridade, da autorresponsabilidade e da gentileza.

A prática de mindfulness pode ajudar casais a desfrutarem da sua intimidade e amigos a desfrutarem da beleza incrível que é uma amizade, pois possibilita a oportunidade de conhecermos profundamente a nós mesmos e o outro. Leva-nos a aproveitar as belezas que o ser humano tem para dar e a ver os relacionamentos como oportunidades de aprender e aproveitar a vida.

Sexo, sexualidade e mindfulness

Sexo e sexualidade são temas delicados, que trazem em si muitas questões. É onde tudo começa, literalmente, mas vai muito além. Freud basicamente já dizia que toda a nossa psique é influenciada por questões sexuais. Assim, não podemos colocar este tema embaixo do tapete, pois é o mesmo que sabotarmos a nossa felicidade. Precisamos resolver ou estar no caminho de resolver as nossas questões referentes à sexualidade e ao sexo. E mindfulness pode nos ajudar muito nesse caminho.

Se o fato de se relacionar já apresenta desafios, imagine quando dois corpos se unem. Quando duas pessoas se aproximam muito, os corpos de dor – que podem ser entendidos como as feridas psicológicas – também se tocam, por isso é tão difícil vivenciar uma verdadeira intimidade. Por exemplo, vejo que são poucas as vezes que fazemos sexo com outra pessoa. Quase sempre fazemos sexo com nós mesmos, ou através da masturbação solitária ou da masturbação mútua, onde usamos o corpo do outro para obter prazer, mesmo chamando isso de relação sexual.

Questões relacionadas a falta de ereção, ejaculação precoce, frigidez, perda de libido, entre outras que aparecem em uma sexualidade "limitada", muitas vezes podem ser sinais de ansiedade, de expectativas e de um pensador compulsivo. Esses sintomas podem estar ligados à falta de foco, a eventuais contatos excessivos com pornografia, à cabeça cheia de crenças e pensamentos do que seria um desempenho ideal, do que é certo e do que é errado, do que seria um encontro com um homem ou uma mulher ideal.

Grande parte da dificuldade de viver o sexo plenamente está atrelada à compulsão de pensamentos que nos perpassam. Mindfulness é fundamental para que possamos desarmá-los, mas para isso precisamos ter consciência de sua existência e de como nossa identificação com eles afeta a nós e nossas escolhas e atitudes em geral, inclusive nos momentos íntimos. É como se fôssemos para a cama levando uma mala de pensamentos e imaginações na cabeça, que nos distanciam da realidade de quem nos acompanha.

Um bom exemplo de mindfulness na sexualidade é um estudo[94] que mostrou os benefícios de sua prática em um tratamento da disfunção sexual feminina. Nele, as mulheres que participaram do treinamento se tornaram significativamente mais rápidas em perceber suas respostas fisiológicas aos estímulos sexuais, bem como melhoraram a atenção, o autojulgamento e os sintomas de ansiedade e depressão.

Muitas vezes vemos que, depois de um tempo de convívio, diminui drasticamente a frequência ou a intensidade sexual de um casal. Como achamos que já sabemos tudo sobre o parceiro, enterramos assim a possibilidade da eterna novidade. É necessário treinar o foco de atenção para aprender a estar presente. Na presença, nenhuma vez é igual a outra, cada momento é único, cada experiência é uma singularidade. A inteireza faz com que a relação continue viva. Permite que troquemos a masturbação mútua pela integração de dois seres.

Por exemplo, no ritual tântrico - não confunda a palavra tantra com as distorções que são vendidas na indústria da pornografia -, a meditação tem um papel fundamental, pois ela permite que se integre e se harmonize a energia sexual dos parceiros, liberando-os dos modelos mentais, das expectativas, da performance, e trazendo-os para a totalidade na ação, para a união, para a presença.[95]

Não é um processo simples, pois envolve muitas questões emocionais. Conteúdos profundos que guardamos mal resolvidos internamente são levados para a relação sexual. Precisamos ter paciência, pois não se mudam padrões da noite para o dia. Quanto mais presentes estamos, mais aprendemos sobre eles (via auto-observação e autoinvestigação) e, ao mesmo tempo, menos somos levados por eles, pelos pensamentos que são gerados a partir deles.

Tantra

A terapeuta Homa,[96] especializada em tantra, ministra vivências e treinamentos com extrema sensibilidade e delicadeza em diversos países, em um trabalho que visa liberar a energia sexual dentro de um contexto de amor e consciência. A meu pedido, ela fez um breve resumo de sua experiência nessa área, que considero muito importante compartilhar.

"Nos caminhos que trilhei, percebi que a sexualidade era um tema velado, como se não fosse algo bom... Percebi que não havia nada de errado com ela; tratava-se de uma força natural que podíamos experimentar e vivenciar, o que me deu um grande bem-estar.

Ouvindo o que Osho dizia, eu compreendia que não importava o que fazíamos, desde que estivéssemos presentes. A presença em si, e não um conjunto de regras ou normas repressivas, nos guiaria para o lugar certo, tanto interna como externamente... Após anos de treinamento em diversas técnicas terapêuticas, e juntamente com

Mukto (outro terapeuta), vimos a importância de incluir a energia do sentimento, do amor para transformar a sexualidade, como se a fizesse florir em meditação e presença através do coração. Começamos a experimentar essa união em abrir a energia da sexualidade em conjunto com um trabalho bem forte de presença, ou mindfulness, e amorosidade.

E quanto mais vamos nos desenvolvendo, mais a presença se torna importante. Mais do que uma técnica que aprendemos para poder ensinar, sinto que passamos por um processo de descoberta de algo que veio de dentro, de nossa própria experiência, e o desenvolvimento natural dessa elaboração nos levou a denominá-la como sendo um grupo de Tantra.

E o que constatamos nessas práticas de Tantra é que o casal se abre mais um para o outro, se torna mais verdadeiro, mais simples e mais direto. Na verdade, não há tantos estímulos de ordem sexual, mas há maior contentamento.

Os encontros não são mais tão excitantes como no início de uma paixão, mas têm maior profundidade. E trazem um estado de maior completude, de inteireza. Parte do trabalho é realmente abrir o coração um para o outro. Abrir a sexualidade e abrir o coração, criando um círculo de energia masculina e feminina que flui dentro de cada um e para cada um.

O sexo é só uma área da vida. O Tantra, esse estado de presença, compreende todos os territórios e dimensões de nossa existência. Ao prová-lo, percebemos que a vida sem o estado meditativo é insípida, como comida sem sal. A meditação é que concede o pó de 'pirlimpimpim'. A presença faz tudo brilhar.

O maior desafio que tenho é quando encontro alguém que não sabe o valor desse estado de presença, não conhece nada de meditação. Porque digo para a pessoa descrever o que está sentindo durante algumas atividades, e ela simplesmente não tem ideia, não tem notícia de seus próprios sentimentos. Então ela quer fantasiar, quer criar situações mirabolantes, quer ir para uma 'swinghouse', enfim, ela quer qualquer tipo de estímulo, menos parar, respirar, ficar um tempo sem fazer nada, apenas sentindo e se abrindo para o que pode acontecer.

A mente fica viciada nessas compulsões. Por isso há todo um trabalho de 'desviciar', um trabalho quase de abstinência total de fantasias externas, para que ela possa reencontrar o que seria a sua energia natural, que quase sempre não tem nada a ver com suas ideias e devaneios imaginativos a respeito do sexo.

Há uma repressão enorme dessa energia natural e, em consequência, uma distorção na mesma proporção. Essa passagem da compulsão de pensamentos e fantasias - que nos faz praticamente nem saber mais como é uma atividade sexual livre e plena - para um modo de viver natural, no estado de presença, é uma das grandes iniciações do ser humano. À medida que vamos desenvolvendo a sensibilidade para perceber a autenticidade da nossa energia primordial, orgânica e instintiva, despertamos uma espécie de transmissão tântrica - ou presença, ou mindfulness - que vai nos revelando a originalidade perdida."

Prática

Se você quiser experimentar, ter um vislumbre do que pode ser sexo na presença, uma prática que pode ajudar é fazer um cultivo de silêncio de 5 a 15 minutos, junto com seu(sua) companheiro(a), antes de sua próxima experiência sexual, com a intenção e a consciência desperta da presença. Deixe passar toda e qualquer expectativa, toda e qualquer fantasia. Foque a respiração e deixe os pensamentos passarem. Se puder, sincronize a sua respiração com a do(a) seu(sua) parceiro(a). Aí experimente ir ao sexo de forma inteira, com todos os seus sentidos abertos, atento ao que você vê, toca, cheira, ouve, prova. Se um pensamento vier, solte-o com a sua respiração e volte-se totalmente para o ato. Você levará todos os vetores da atenção para aquele momento, para aquela pessoa. Não tente desempenhar nenhum papel, mostrar algo para o outro. Deixe as coisas acontecerem de forma natural, espontânea. Nada precisa acontecer, mas tudo pode acontecer, desde que venha da presença.

Quando um casal pratica sexo consciente a partir da presença, a qualidade é completamente diferente. O ato de amor se torna, então, pura meditação.

Propósito e mindfulness

Propósito ou sentido de vida é o grande motivador da nossa existência. É o que nos faz levantar todo dia de manhã e fazer o que precisa ser feito. É o que nos leva à felicidade, à paz, à autorrealização. É o que nos orienta e que se chama de dharma. O propósito é a resposta – ou parte dela – para algumas perguntas, como: O que viemos fazer aqui na Terra? Quem somos nós? Por que nascemos? Para que vivemos?

É o início e deveria ser o foco de tudo o que fazemos. Entretanto, não é isso que vemos na quase totalidade das pessoas. Por quê? Porque a nossa cabeça está cheia, confusa, dividida, formatada. É muito barulho, são muitas vozes, crenças que nos impedem de ouvir as respostas às principais perguntas. Como sair desse labirinto e ter clareza dos anseios de nossa alma? Como vimos, precisamos acalmar a mente, precisamos de mindfulness.

Por conta desse barulho todo e da nossa dificuldade de perceber que estamos fora da rota, muitas vezes a busca por propósito vem precedida por uma crise, que nos tira da zona de conforto, gera dúvidas e angústias, mostrando que algo está faltando. Quando aquilo que foi criado por nós está desalinhado com o nosso propósito, ele começa, de alguma forma e em algum momento, a desmoronar. É como se tivesse servido por determinado período para algum aprendizado, mas é hora de um novo aprendizado rumo à realização de ser quem somos.

A clareza do propósito maior vem muitas vezes precedida da clareza de coisas menores, que em determinado momento se ligam e mostram o sentido de tudo, do grande quebra-cabeça da nossa vida.

O descobrir do propósito é um desabrochar, que chega com clareza conforme a pessoa está se tornando madura, fazendo o que precisa ser feito de forma positiva, dando conta da sua vida.

Ninguém vem com um dom ou um talento à toa. Um dom, como já apontado, é uma virtude que nasce conosco, como algo que está no nosso DNA. O talento é um dom em que investimos trabalho para desenvolver. Todos nós trazemos dons, mas como identificá-los se nossa cabeça está repleta de modelos pré-formatados, de padrões que ditam o que é bom e o que deveríamos ser?

Precisamos de paz mental, clareza, foco e conexão entre razão e sentimento para podermos silenciar a ponto de ouvir o nosso coração, que é quem revela o que precisamos fazer para caminhar rumo a descobrir, reconhecer, valorizar e desenvolver os dons e talentos que temos para dar ao mundo. É desse mesmo lugar que vem a orientação do nosso propósito, do que nos faz feliz de verdade.

O que acontece quando não utilizamos esses dons, quando nos sentimos robotizados, padronizados ou fora do lugar? Perdemos energia vital, nos deprimimos. A depressão é também a falta de sentido na vida, é uma ausência que precisa ser curada. Assim, os sintomas que avisam que ainda não encontramos o nosso propósito são falta de alegria, de vitalidade e de felicidade. Se desempenhamos alguma atividade na qual somos tomados pela alegria, nos sentimos felizes, temos energia e não vemos a hora passar, isso é sinal de que estamos vivendo o nosso propósito.

Um dado interessante é que muitas vezes parece que temos vários propósitos. Um propósito no trabalho, um na vida pessoal, um na família, etc. Se conseguirmos aumentar a capacidade de discernimento, vamos descobrir que há algo que costura tudo, nossas aptidões internas às expressões externas, um denominador comum.

E nenhum propósito é isolado, pois o individual está sempre ligado ao coletivo. Trata-se de lógica pura, afinal, como não viemos sozinhos a este mundo, é natural que os propósitos, em algum ponto, confluam e se reúnam para que a riqueza de habilidades seja compartilhada com todos. Mesmo sendo completamente diferentes, há algo que os permeia e os une. Cada pessoa tem um sentido de vida ou propósito a realizar, que é bem particular àquela pessoa, mas ao mesmo tempo está alinhado ao propósito maior da vida.

Em seu livro[97] *Propósito: A coragem de ser quem somos*, Sri Prem Baba explica que a fase zero para o propósito é se dedicar ao cultivo do silêncio. Com isso somos capazes de nos observarmos e irmos além dos impulsos inconscientes, dos condicionamentos.

A ligação entre propósito e meditação também pode ser percebida de uma forma bem concreta em um estudo feito com um grupo de pessoas após participarem de um retiro de meditação de três meses, com cerca de seis horas diárias de prática. Além de outros benefícios observados, as pessoas tiveram um fortalecimento do seu propósito de vida.[98] Mais um indicativo de que a descoberta do propósito de vida e a nossa confiança nele são influenciados pela prática meditativa.

Viktor Frankl[99] já dizia que o sucesso e a felicidade são efeitos colaterais da dedicação de uma pessoa a um sentido que é maior do que ela mesma. Ele entendia que o sentido de vida ajuda inclusive na recuperação da saúde física e mental.

Uma interessante iniciativa para ajudar as pessoas a conhecerem e a usarem o seu propósito na transformação de si, da sociedade e do planeta é a Dharma Academy,[100] que se autodefine como uma academia de propósito a serviço da vida, que se utiliza de mindfulness como suporte para cocriar uma nova maneira de viver a vida, com mais significado, confiança, coragem de ser quem somos e aprendendo, a cada momento, a arte de amar. Em outras palavras, junta mindfulness, propósito e amor.

Uma das formas de descobrir se vivemos o nosso propósito é verificar quão realizados estamos, inclusive no fim da nossa experiência humana, próximos da morte. Bronnie Ware, uma enfermeira que trabalha com doentes terminais, fez um levantamento a respeito do que essas pessoas mais se arrependiam. Os cinco e principais arrependimentos que ela descreve são:[101] (1) Desejaria ter tido coragem de viver uma vida verdadeira para mim mesmo, e não a vida que os outros esperavam de mim; (2) Desejaria não ter trabalhado tanto; (3) Desejaria ter tido coragem de expressar meus sentimentos; (4) Desejaria ter ficado em contato com meus amigos; (5) Desejaria ter--me permitido ser mais feliz.

Basicamente, as principais e mais comuns respostas versaram sobre não ter vivido – no sentido de usufruir – mais, não ter feito as coisas com consciência e não ter feito escolhas mais adequadamente. Eles gostariam de ter estado mais perto dos amigos e da família, e ter dado menos importância a certas coisas. É muito interessante perceber que a base para que tudo isso aconteça é a presença, é mindfulness com autoconhecimento. Resumindo, a felicidade é fruto da autenticidade, do equilíbrio, da verdade, dos relacionamentos e das ações, e tudo isso acontece aqui e agora.

Nessa mesma linha, um estudo[102] aponta que mindfulness pode afetar o bem-estar das pessoas em parte devido à facilitação que traz para mudanças comportamentais significativas. Isso significa que as intervenções de mindfulness podem ser focadas explicitamente no esclarecimento de valores e em seus comportamentos decorrentes.

Em outras palavras, estamos falando de aumentar a consciência daquilo a que damos – e queremos dar – importância e nos comportar coerentemente a partir da prática da atenção. Vejo que se os nossos pensamentos estão alinhados com o nosso propósito, com a ética e com os valores humanos, estamos no caminho da felicidade. E o treino do foco efetivamente nos ajuda a não nos perdermos em pensamentos contrários.

Mindfulness e a mudança na sociedade

Existem diversos movimentos de mudança na sociedade, em busca de uma convivência mais harmoniosa, com respeito, baseada na paz, na ética, na sustentabilidade e nos valores humanos. Novos modelos têm sido pensados, que buscam compreender o sistema de forma mais ampla.

Muitos desses movimentos e modelos entendem que mindfulness dá suporte à percepção, ao entendimento e às mudanças necessárias. Isto também se aplica a encontros para discutir a economia e o desenvolvimento global, como o Fórum Econômico Mundial, em Davos, que neste ano (2018) ofereceu sessões matinais de meditação aos seus participantes.

Quero citar três movimentos específicos, que eu tenho acompanhado, para gerar conhecimento e inspiração, bem como para mostrar a fundamental importância de mindfulness como pano de fundo para as mudanças de que precisamos. Vou detalhar um pouco mais o terceiro, que é aquele no qual eu estou mais envolvido.

Primeiro, cito o Dalai Lama e seus esforços de aproximação da religião com a ciência, que vêm produzindo belos frutos. Muitos cientistas foram "contaminados" por sua atuação. Eu mesmo fui buscar nele o suporte para algumas das ideias que trouxe na minha tese de doutorado sobre ética, numa época em que existiam poucos autores "alternativos" aceitos pela comunidade acadêmica.

Segundo, cito o trabalho do Otto Scharmer (MIT), sua equipe, o Presencing Institute e o U.Lab. Com foco na mudança da sociedade e de si mesmo, com cursos, *hubs* e outras ações, ele tem inspirado e dado ferramentas a milhares de pessoas em todo o mundo. Eu também tive a oportunidade de beber dessa fonte.

E o terceiro é o Awaken Love. Esse movimento, criado por Sri Prem Baba, tem como objetivo construir uma nova sociedade, acordando a consciência amorosa em todos os segmentos e setores da sociedade, e a intenção é fazer isso a partir de uma nova maneira de viver a vida. A base dessa nova maneira de viver a vida são o autoconhecimento e alguns valores fundamentais, como honestidade, autorresponsabilidade, gentileza, serviço, dedicação e beleza. O autoconhecimento também engloba o nosso propósito, a descoberta do que viemos fazer aqui e dos nossos dons e talentos. E o início desse processo é o silêncio. Tudo começa com o silêncio e o silêncio está em tudo o que estamos fazendo.

Hoje o Awaken Love atua em muitos países, em diferentes frentes (educação, saúde, música, empresas, políticas públicas, etc.), desenvolvendo diversas parcerias com os vários setores da sociedade. Uma de suas ações é para a adoção da prática de um minuto de silêncio (chamada "apenas um minuto"), que começou em 2014, em Mauí, no topo de um vulcão. A essência dessa prática envolve silêncio, consciência e mudança. Além de diversos cursos e ferramentas para o autoconhecimento, o Awaken Love também oferece cursos de meditação, chamados de O Caminho da Meditação.

Abordo essas iniciativas por serem exemplos a serem conhecidos e seguidos. A meditação abre espaço para a verdade e para o melhor de nós, individualmente e no coletivo. Que possamos nos empenhar nesses e em outros bons movimentos.

Estados não ordinários de consciência

Mindfulness realmente pode nos ajudar a olhar e viver a vida de uma forma mais ampla, sem estarmos perdidos em uma visão baseada em crenças, em uma percepção limitada, em uma torrente de emoções – sendo a maioria negativa, com muito sofrimento envolvido. Notamos o resultado disso em guerras, disputas, comparações e separação.

Infelizmente, esse é o estado que a quase totalidade da população de seres humanos vive hoje. Ele é fruto de um atual estado ordinário de consciência.

Portanto, perceber, confrontar e ir além dessas crenças é recomendável para promovermos as mudanças necessárias. Diversas pessoas, entre elas líderes de empresas/organizações e empreendedores, principalmente nos Estados Unidos, têm buscado estados não ordinários de consciência para ir além das crenças e responder com maior criatividade e performance aos desafios que se apresentam. Esses estados, de forma simplificada, incluem a ausência de ego – ausência daquele crítico ou voz interior –, a intemporalidade – ausência de preocupação com o tempo, estando 100% no momento presente –, a naturalidade – as coisas acontecem sem esforço, no fluxo – e a riqueza – acesso a informações e perspectivas de valor – do fluxo. Esses estados podem ser alcançados de diferentes formas – pela psicologia, a neurobiologia, a farmacologia e a tecnologia –, sendo a meditação, dentro do campo da neurobiologia, uma delas, como um caminho lento, pois exige um tempo de prática para atingi-los, mas constante, com possibilidade de alta frequência.[103]

Neste sentido, concordo plenamente com Daniel Goleman e Richard Davidson,[104] que citam o que William James já observara há mais de um século: "O que mais interessa, porém, pode ser perceber que nosso estado ordinário de consciência desperta... é apenas uma opção." Mudar e ampliar essa realidade é outra opção que mindfulness nos ajuda a realizar rumo a uma vida e a um mundo melhor.

Meditação e espiritualidade

por Sri Prem Baba

Espiritualidade é vida. A vida é espiritual. Algumas pessoas fazem distinção entre espiritualidade e materialidade, mas na verdade tudo é espiritual. O que ocorre é apenas uma diferença de percepção da realidade. Aquele que expande a consciência pode perceber a sacralidade da vida, ou seja, pode ver que existe um elemento espiritual se manifestando em tudo o que é vivo. Quando expandimos a consciência, vemos unidade na multiplicidade e essa percepção da unidade nos torna capazes de criar união em todas as esferas da vida. E essa capacidade gera paz. Podemos dizer então que espiritualidade é aquilo que une e pacifica. É a percepção do estado de unidade e, ao mesmo tempo, a consciência que se move em direção à união e à paz. Existe na natureza uma força, um aspecto da consciência, que nos leva à união. Esse aspecto é o amor. Por isso também podemos traduzir espiritualidade como amor. Me refiro ao amor verdadeiro, aquele que não tem preferências e está além da forma, dos apegos, das posses e das recompensas. O amor puro e desinteressado. Espiritualidade é a percepção da consciência amorosa que está por trás de todas as coisas.

A meditação é um instrumento que possibilita a expansão da consciência amorosa. Ela é a base para a percepção da realidade espiritual da vida e, portanto, para uma vida baseada no amor. A meditação proporciona a experiência interna da unidade que se dá através da unificação dos princípios feminino e masculino. Em outras palavras, é quando o amor se realiza dentro de nós. Só quando podemos meditar podemos ter acesso a essa experiência, que é conhecida pelos orientais como *samadhi*, o êxtase divino.

A meditação se dá através do silêncio. Quando o silêncio se instala por completo no nosso sistema, a meditação acontece. Venho propagando a importância do cultivo do silêncio, mas é importante ressaltar que me refiro ao silêncio interior, ou seja, não adianta estar num lugar silencioso se a sua mente continua falando sem parar. Cultivar o silêncio é acalmar a mente, serenar o pensador compulsivo que está constantemente desejando, julgando, classificando, racionalizando. Aquele que atua no fluxo temporal da mente, justificando-se pelos erros, desvios e enganos cometidos no passado, ou tentando encontrar uma saída para o sofrimento criado por esses equívocos. Essa trama psicológica criada pelo pensador compulsivo abre um buraco sem fundo de medo e angústia que se manifesta na vida através de diversas situações negativas. O externo é o reflexo desse estado interior. Se o mundo interno está perturbado, tomado por pensamentos compulsivos e destrutivos, isso acaba se refletindo no mundo externo, gerando situações da mesma natureza. Um círculo vicioso destrutivo é criado. O silêncio interior é uma interrupção desse mecanismo, ou seja, quando se pode parar o "pensador compulsivo".

Cultivo do silêncio

Tudo aquilo que é verdadeiro nasce do silêncio interior, inclusive a lembrança da verdade de quem somos. O cultivo do silêncio é a base para a experiência da meditação. Por isso costumo incentivar essa prática através de diferentes técnicas que variam de acordo com a pessoa ou com o grupo de buscadores. Algumas pessoas ainda não estão suficientemente prontas para uma meditação passiva, estática, na qual precisam ficar sem se mover por um longo período de tempo. Nesse caso, o primeiro contato com o silêncio pode ser através de meditações ativas, ou seja, meditações que envolvam movimento. Dança, catarse, posturas de yoga, caminhadas meditativas são elementos que podem ser utilizados. Através do estímulo sensorial, a percepção dos sentidos vai se ampliando e consequentemente a capacidade de concentração e de auto-observação se fortalece, abrindo caminhos para a experiência da meditação.

Apesar de eventualmente utilizar esses elementos, o foco principal do meu trabalho está na meditação passiva, que consiste em sentar com o corpo relaxado, porém alinhado, e colocar o foco da atenção num único ponto para tornar-se uma testemunha silenciosa do fluxo de pensamentos, sentimentos e sensações que transitam pela mente. Em outras palavras, tornar-se um observador do fluxo da impermanência.

Para algumas pessoas é mais fácil se concentrar na respiração, para outras é mais fácil focalizar no ponto entre as sobrancelhas, na ponta do nariz ou no coração. Alguns preferem ficar sentados no chão, outros precisam estar encostados na cadeira. Cada uma deve encontrar o que funciona melhor para si. Às vezes pode ser útil algum elemento externo, como uma música, um sino, incenso, ou um *japamala* (colar de 108 contas que serve para a contagem de mantras). Tais elementos ajudam a criar uma atmosfera propícia à meditação. Então, conforme a pessoa vai avançando na sua prática, ela vai aprendendo a relaxar e a se concentrar e naturalmente acaba focando a atenção no fluxo da respiração, o que facilita a experiência da meditação.

Eu e a meditação

A meditação chegou para mim indiretamente, através da prática de yoga. Eu queria obter maior flexibilidade, alongamento e domínio corporal para auxiliar meu desenvolvimento nas artes marciais. Na época, eu treinava tae kwon do e kung fu e estava interessado nos benefícios físicos que as posturas de yoga ofereciam. Porém, logo vi que havia um grande poder ali, um poder que ia além do corpo físico. A prática era introspectiva, silenciosa e acalmava minha mente, trazendo paz e serenidade. Como era adolescente, cheio de inquietações, eu chegava agitado e perturbado, mas saía calmo e feliz. Tudo melhorava.

Apesar disso, embora estivesse vendo que era algo muito interessante e gostoso, ainda não estava podendo mensurar o valor real daquela prática. Com o tempo e a maturidade, pude compreender quais eram os maiores benefícios. A prática foi se instalando em mim e se tornou um bom hábito. Me tornei mais silencioso e todos os dias eu parava, nem que fosse por alguns instantes, para ficar quietinho, olhando para dentro.

Foi assim que comecei a praticar. Eu não procurei a meditação, ela me procurou. E quando ela me achou, trouxe vida para a minha vida. Porque, até então, eu era apenas um refém da mente compulsiva. Eu não era senhor de mim mesmo, muito pelo contrário, era um joguete dos impulsos inconscientes: o ciúme me levava para um lado, a inveja para outro, a raiva para outro... eventualmente a alegria e o prazer me visitavam e me levavam para caminhos melhores.

Aos poucos, o silêncio e a meditação foram me tornando senhor de mim mesmo. Porque, quando sentava para meditar, eu me dissociava da mente e me tornava apenas um observador do fluxo de pensamentos, emoções e sensações. Eu percebia que, se podia observar meu pensamento, então eu não era o pensamento; se podia observar minhas emoções e sensações, então eu não era isso. Mas quem era eu? Quem era esse que observava o fluxo? Comecei a me questionar sobre isso e descobri que esse que observava era o verdadeiro eu, o eu consciente.

Quem é o observador?

O eu consciente é um aspecto do eu verdadeiro, que costumo chamar de eu superior ou do Ser. Ele é um observador, ou seja, é aquele que pode observar o fluxo de pensamentos compulsivos sem ser levado por eles. O eu observador faz parte do que chamo de natureza superior do ser humano, o que subentende a existência de uma natureza inferior. Essa porção da natureza humana é majoritariamente inconsciente e é composta de um eu inferior, um falso eu e suas máscaras.

Um dos aspectos mais importantes a serem desenvolvidos pelo buscador espiritual é o observador, pois ele é capaz de perceber a atuação da natureza inferior sem se identificar com ela. Porém, esse observador precisa ser treinado para não cair nas armadilhas do eu inferior, pois este age à revelia da nossa vontade consciente, sabotando a felicidade. Muitas vezes o eu inferior tenta se disfarçar de eu superior para conseguir o que deseja: gerar sofrimento. Por exemplo, você deseja ter bons relacionamentos, mas acaba sempre criando situações para brigar, para machucar e ser machucado; você quer ser saudável, mas acaba sempre se alimentando mal, comendo demais e não se exercitando; você quer ser bem-sucedido e próspero, mas sempre que surge uma oportunidade nova, você acaba perdendo... Enfim, muitos são os exemplos de atuação do eu inferior, que também costumo chamar de "criança ferida", pois é uma parte da psique humana que se encontra presa a traumas da infância, se protegendo e se defendendo, com medo de reviver as dores dos choques de desamor vividos no passado.

O eu consciente é aquela parte em nós que está em busca da felicidade, da luz e do amor. É a parte que escolhe sentar para meditar, que lê livros como este, que busca se aperfeiçoar e melhorar como ser humano. Somente o observador pode promover a transformação interna necessária para nos tornarmos pessoas verdadeiramente felizes e pacíficas.

Início da jornada

No início da jornada, a natureza inferior se manifesta como resistência à prática da meditação. A mente tenta criar todo tipo de justificativa para impedir você de sentar, ficar em silêncio e meditar. Por isso o início normalmente requer esforço, além de comprometimento e muita disciplina. O primeiro passo é estabelecer uma rotina para a sua prática. Se comprometa a cultivar o silêncio através da meditação por, pelo menos, 20 minutos, durante 21 dias, de preferência sempre no mesmo horário. Se for bem-sucedido nesse intento, aumente o prazo para 40 dias e, em seguida, para três meses. Se conseguir praticar durante esse tempo, um novo hábito positivo será instalado no seu sistema e você estará pronto para romper com as resistências. Aos poucos, o esforço desaparece e meditar se torna um estilo de vida.

Desafios do meditador

O meditador é um observador treinado. É uma pessoa que está fazendo uso da vontade consciente para lapidar a si mesma. Ele está abrindo espaço para o eu superior se manifestar na sua vida. O caminho do meditador não é fácil, pois são muitas as forças contrárias que tentam distorcer a sua percepção. São muitos os desafios, mas o principal deles é silenciar o barulho interno que vem do vício do pensar compulsivo, pois somente assim é possível neutralizar a força gravitacional dos condicionamentos mentais, que estão sempre nos levando ao sofrimento.

No caso de meditadores antigos que ainda se perdem nos pensamentos compulsivos, sugiro que se dediquem a um processo mais profundo de autoconhecimento, para que possam conhecer as próprias resistências. Muitos já passaram por processos de autoconhecimento, mas se ainda existem *nãos* (forças contrárias) atuando no sistema, isso significa que ainda existe um trabalho a ser feito. Se faz necessário aprofundar no conhecimento dos eus inconscientes, sabotadores da felicidade.

Quem são esses eus comprometidos com o sofrimento? Tenho falado sobre um aspecto da natureza inferior humana que, para muitos, é de difícil compreensão: o que mantém o ser humano preso ao sofrimento é o prazer que existe nessa condição. Sei que pode ser realmente difícil aceitar e compreender o que estou dizendo, mas isso precisa ser observado. Se você se vê freneticamente buscando algo que, por alguma razão, sempre escapa das suas mãos, se situações negativas estão constantemente se repetindo na sua vida, isso significa que existe um eu inconsciente sabotando a realização do seu desejo consciente. Existe um eu inferior que deseja fracassar e sofrer. Em outras palavras, existe um prazer no sofrimento.

Guiança espiritual

Para compreender esse aspecto, se faz necessário um estudo profundo de si mesmo que inclui a investigação do passado, o que pode remeter não somente à infância, mas também à ancestralidade da alma. Nesses casos, é fundamental a guiança de um professor ou de um mestre espiritual no qual se tenha total confiança, pois será necessário acessar dimensões internas que vão além da história atual de vida.

Essa guiança é igualmente necessária a partir de um determinado estágio, no qual o buscador começa a dedicar mais tempo da sua vida à prática espiritual. Porque, quando isso acontece, é possível que ele comece a ter experiências intensas de ativação da energia *kundalini*. Este é um termo sânscrito utilizado pelos hindus para descrever uma poderosa energia que nos habita, mas encontra-se adormecida, na base da coluna. Então, quando o buscador avança no caminho da meditação, muitas vezes ele tem vislumbres do despertar espiritual através da ativação dessa energia. Uma experiência como essa pode ter alguns "efeitos colaterais", como, por exemplo, desencadear fenômenos de mediunidade, o desenvolvimento de poderes espirituais, experiências extrassensoriais, desdobramento astral, telepatia e muitas curas. Mas, apesar de tudo isso parecer positivo, existem alguns aspectos a serem compreendidos para que o buscador não se assuste ou se perca no caminho. Nesse ponto, é fundamental que haja o acompanhamento de um professor que tenha tido essa experiência ou de um mestre espiritual que já tenha trilhado esse caminho e estabilizado esse poder em si mesmo, podendo ativá-lo quando quiser.

Isso não quer dizer que a meditação em estágios avançados seja perigosa ou negativa, muito pelo contrário, esses efeitos são fenômenos naturais que ocorrem mais cedo ou mais tarde no caminho do despertar espiritual. Mas é preciso trilhar esse caminho com cuidado, pois tais experiências, se não forem conduzidas da maneira correta, podem gerar distúrbios psíquicos. Isso ocorre quando a pessoa ainda não está suficientemente pronta para ter uma experiência como essa. Nesses casos, ela precisa de uma assistência profissional psicológica e, às vezes, psiquiátrica. Mas isso ocorre somente em casos de perturbações severas, o que é raro.

Não se preocupe: para quem está começando a meditar não há perigo nenhum, apenas benefícios. Se estiver passando por algum problema psicológico, você encontrará na meditação um natural e santo remédio. Mas é importante começar devagar e, quando já estiver avançando, buscar uma guiança.

Dedicação e realidade

O caminho que propõe dedicação completa à prática espiritual é para poucos. São poucas as almas que vieram com essa programação. Quando uma pessoa é destinada a seguir um caminho como esse, o chamado interno é muito claro e ela naturalmente encontra as condições necessárias para isso. Mas essas almas são muito raras. A grande maioria precisa estar no mundo, trabalhando e se dedicando a uma vida familiar. Mas a meditação não exclui ninguém, ela é para todos. Mesmo quando a pessoa dedica apenas alguns minutos do seu dia ao cultivo do silêncio, isso já é suficiente para provocar mudanças significativas na sua vida e trazer diversos benefícios. No mínimo, ela se sentirá mais calma e focada no que precisa realizar. Mas o principal é que, dessa maneira, ela já está abrindo o caminho para o poder da Graça divina se manifestar. Tudo aquilo que está além das leis da matéria e do que a ciência pode explicar pode ser chamado de Graça.

À medida que se compromete com a transformação pessoal e

estabelece um compromisso com o amor, a pessoa começa a receber uma ajuda que vem dos níveis internos mais profundos do seu Ser. Uma ajuda que vem do nível transpessoal, além do ego e da mente. Em outras palavras, ela começa a receber ajuda espiritual. Nesse ponto, alguns poderão não compreender o que estou dizendo ou até mesmo sentir-se desconfortáveis, pois estou tocando numa esfera conhecida como "fé", a esfera dos milagres. Muitos desconhecem, mas até mesmo os fenômenos que ocorrem nessa esfera podem ser explicados cientificamente, porém, a ciência ainda não chegou a esse ponto, justamente por conta do grande preconceito e da aversão que se tem a determinados conceitos que foram distorcidos pelas falsas religiões. Então, àqueles que duvidam da existência de uma Graça divina, eu recomendo que, pelo menos, utilizem a dúvida como impulso para a investigação. Não rejeite imediatamente essa ideia. Busque verificar através da sua própria experiência. Experimente os ensinamentos através da prática. Tudo que estou dizendo é fruto da minha experiência. Eu fui presenteado pela Graça e é por isso que estou aqui transmitindo estes ensinamentos. Permita-se acessar a esfera dos milagres, o campo das infinitas possibilidades – pratique.

Uma hora de prática vale mais do que mil livros lidos. Isso é um fato. Se você não pode praticar mil horas de meditação, tudo bem. Uma hora de prática é o suficiente para compreender mil horas de teoria. A meditação pode provocar inclusive mudanças na fisiologia do cérebro, mas mesmo que você não possa alcançar esse nível de transformação por não poder dedicar mais tempo à prática, você já estará abrindo o caminho para a Graça se manifestar na sua vida e trazer a transformação necessária.

Meditação e presença

A meditação é um estado de presença que leva ao estado de Graça. Porém, muitos confundem meditação com a técnica que prepara a possível experiência da meditação. Você pode passar horas praticando uma técnica e ainda assim não alcançar o estado de meditação profunda. Aquilo que chamo de presença não se relaciona necessariamente com a técnica, se relaciona com o estado de totalidade na ação. Você pode estar completamente parado e esse estado ser uma ação, mas uma ação totalmente presente. Você pode estar em movimento, mas estar tão presente nessa ação que ela se torna uma meditação. Isso significa que não é necessário estar recolhido, de olhos fechados, para estar presente. Você pode estar presente enquanto trabalha, enquanto se relaciona, enquanto se move. É possível, sim, meditar enquanto se trabalha. Enquanto transmito estas palavras, eu estou meditando, eu estou presente.

Meditação e presença são estados interdependentes. Um não existe sem o outro. Porém, a prática da técnica de meditação, como se aprende normalmente, não envolve necessariamente esses estados.

Técnicas de meditação

No meu trabalho, eu utilizo algumas técnicas que ajudam o buscador a preparar o campo para a experiência da meditação, entre elas, o cultivo do silêncio, a repetição de mantras, a meditação no vazio, a meditação analítica e eventualmente utilizo a **meditação guiada**. Nesta última, vou induzindo a pessoa a entrar num estado mais elevado de consciência, no qual ela acessará a bondade e a compaixão. Isso pode ser feito com ou sem música. Esse tipo de prática guiada é útil para aqueles que estão iniciando o caminho, pois através dela é possível acessar novas dimensões internas, antes desconhecidas, sem ter feito uma prática mais longa e austera.

A **meditação analítica** é a meditação do autoconhecimento. Ela desenvolve a capacidade de auto-observação que possibilita a identificação dos aspectos da personalidade que sabotam a felicidade. Através dessa técnica, a pessoa vai compreendendo a mecânica da mente e do ego e, aos poucos, desatando os bloqueios que impedem a expansão da consciência.

A **meditação no vazio** focalizado é a meditação que possibilita que você vá realmente além das fronteiras da mente, vá além do ego, e se conecte com uma instância puramente espiritual. Quando consegue avançar nessa prática, você acessa estados inexplicáveis para a mente e fica à mercê da Graça divina.

A **prática do mantra** induz a expansão da consciência através da conexão com determinado aspecto da divindade. Deus, o Criador, o Amor divino, o Mistério (ou qualquer outro nome que queira usar), se manifesta de infinitas formas. O mantra é uma maneira de conectar-se a essas formas ou aspectos para, através daquilo que conhecemos como "devoção", expandir a consciência amorosa. Mas também existem mantras que não estão ligados a uma forma (ou imagem) divina, mas remetem a uma frequência energética específica, o que, em última instância, é a mesma coisa.

Cada divindade representa uma frequência energética. Existem mantras que conectam com a frequência de Vishnu, com Shiva, Khirsna, Cristo, Allah... Essa prática existe em diferentes tradições, mas todas têm o mesmo objetivo: conectar a mente humana com a mente divina.

O mantra tem um efeito emocional e também físico. Ele atua sobre nosso sistemas nervoso e endócrino através do fenômeno da ressonância sonora, mesmo que a pessoa não emita um som, mas somente repita o mantra internamente. Dessa forma, o mantra vai abrindo o caminho para a experiência da unidade. A repetição contínua de um mantra é chamada de *japa*. Para realizar essa prática alguns utilizam um *japamala*, um colar de 108 contas, que pode ser feito de diversos materiais e que serve para a contagem dos mantras e para reforçar a concentração.

Guru Mantra

Quando um mantra é transmitido por um mestre espiritual, além do efeito físico e emocional, ele também gera um elo profundo entre o mestre e o discípulo. O mantra se torna um canal de bênções do mestre e da sua linhagem espiritual. O guru atua através do mantra e o mantra, aos poucos, vai revelando os mistérios da relação guru-discípulo.

Para o homem comum (aquele que está com a consciência adormecida, tomada pelo esquecimento) é muito difícil compreender o que é um guru e o que é um discípulo. Aqueles que estão demasiadamente identificados com a mente, anestesiados pelas distrações do mundo, não têm acesso a essa compreensão, porque trata-se de um fenômeno puramente espiritual. Mesmo que eu diga que o guru é um poder capaz de tirá-lo da escuridão e colocá-lo na luz, ainda assim seria somente uma ideia. Só é possível compreender esse mistério através da experiência, ou seja, através da entrega a um mestre. Mas, para isso, é preciso estar suficientemente maduro. A prática do mantra ajuda nesse amadurecimento.

Ao praticar o guru mantra, a pessoa precisa estar atenta para não cair nas armadilhas do eu inferior. Porque, no início, é natural que o mantra provoque um processo de purificação e uma desconstrução das máscaras. Então é possível que, nessa fase, a pessoa se sinta confusa e seja levada a deixar de realizar sua prática. Esse é o primeiro desafio do iniciante. E ainda haverá muitos, pois esse é um caminho que exige persistência, disciplina e comprometimento. Talvez uma das qualidades mais importantes do praticante seja a resiliência, a capacidade de aceitar e se adaptar.

Fases da meditação

A meditação é um processo, um florescimento que ocorre através da Graça. A prática das técnicas de meditação é o que prepara o campo para esse florescimento. Esse processo tem estágios ou fases que, embora não precisem ser estudados teoricamente (apenas praticamente), às vezes descrevo para ajudar aquelas pessoas que estão sem referência, precisando de mapa. Para muitos é difícil simplesmente entregar-se à prática, sem esperar nenhum resultado ou sem saber onde estão dentro do processo, então pode ser proveitoso conhecer as principais fases desse processo para que possam se situar, reconhecendo que estão no caminho certo. Porém percebo que, às vezes, esse conhecimento pode atrapalhar, pois ele mantém o buscador preso a uma referência, querendo alcançar determinados estágios. É preciso ter a sabedoria e o desapego para simplesmente continuar praticando sem esperar chegar a algum lugar. Praticar por praticar.

Num primeiro momento, o meditador pode experimentar uma grande agitação mental porque, ao entrar em contato com o barulho interno, ele se identifica com os conteúdos que emergem e a mente fica ainda mais inquieta. Isto se reflete em uma incapacidade de se concentrar e de ficar imóvel, gerando desconforto. A pessoa fica ansiosa ou até irritada, o que pode dar a impressão de que a meditação não faz bem a ela. Mas isso não é real. O que ocorre é que ela tomou consciência da mente tagarela, viciada em comparar, julgar, rotular e acusar.

Então, num primeiro estágio, ocorre uma explosão de sensações e pensamentos, mas se a pessoa persiste e se mantém na posição de observadora, ela pode entrar no estado de mente vazia. Nesse momento, pode ser difícil sustentar a presença porque a mente aquieta e o corpo relaxa, o que pode causar sonolência. Nesse estágio é normal que a pessoa fantasie ou até comece a sonhar, o que pode trazer alguma imagem ou símbolo importante para o seu processo de autoconhecimento, porém é essencial esforçar-se para ficar alerta, já que meditação é sinônimo de acordar – é o contrário de dormir.

Então, se a pessoa consegue atravessar esse estágio permanecendo acordada, apenas observando o fluxo de pensamentos, mas se distanciando deles, apenas assistindo, ela pode entrar no terceiro estágio, que é um lugar onde ocorrem muitos insigths a respeito da vida. Nesse lugar, é possível ter acesso a conteúdos esquecidos e se lembrar de contas abertas com o passado. A pessoa consegue acessar sentimentos guardados e respostas a muitas perguntas. É como se um raio de orientação divina chegasse para guiá-la. Ela é banhada por uma grande clareza a respeito do jogo da vida.

Ao continuar esse processo, é possível acessar outro estágio que também é um vazio, mas agora um vazio preenchido pelo Espírito divino. Nesse vazio, se tem acesso à sabedoria universal, para além da mente, do ego e daquilo que pode ser explicado pela ciência. Nesse ponto a pessoa pode ter experiências transpessoais, ter contato com almas que deixaram o corpo e acesso a vidas passadas. Trata-se de um campo muito vasto de experiência, através do qual se pode alcançar o quinto estágio, que é a experiência da unidade. É quando a Graça o pega e você é tomado pela bem-aventurança. É quando a meditação realmente ocorre e a pessoa entra em *samadhi*, o êxtase da comunhão com o divino.

Estou descrevendo um processo que pode levar dias, meses, anos ou vidas. Mas é possível que tudo isso aconteça de uma única vez. Alguns santos iluminados tiveram essa experiência, mas isso é extremamente raro. Também é preciso compreender que não se trata de um processo linear. Os estágios podem se sobrepor. É possível ter uma experiência de quarto ou quinto estágio, mas estar na primeira fase, ou seja, ainda passar por inquietações mentais. As possibilidades são infinitas, até porque a espiritualidade desafia a lógica. Tudo pode acontecer. Então chega um momento em que você se torna senhor de si mesmo, podendo entrar em meditação a qualquer momento, sem fazer esforço.

Tempo para a prática

Aos que estão começando a prática de meditação sugiro que comecem dando o tempo de que dispõem ou até mesmo apenas alguns minutos por dia. Você pode começar silenciando por 5 minutos apenas. Se sentir que está confortável, aumente para 10, 15 ou 20 minutos. E quando sentir que já está pronto para avançar, comprometa-se com mais tempo. Para aqueles que já estão se sentindo maduros a ponto de receber uma iniciação espiritual, sugiro que se dediquem, ao menos, uma hora por dia à prática espiritual. Esse período pode ser dividido em dois períodos de 30 minutos. Mas, se puder dedicar mais tempo, melhor ainda.

Também recomendo uma prática muito simples, mas poderosa: ficar 1 minuto em silêncio antes de cada atividade importante do dia. Essa prática, apesar de rápida e simples, além de acalmar a mente e proporcionar clareza e equilíbrio para decisões importantes, também proporciona a conexão com a dimensão espiritual. Se você consegue se lembrar de ficar 1 minuto em silêncio, seja antes de uma refeição, antes de uma reunião, antes de dormir ou antes de uma conversa importante, você já está fortalecendo a lembrança de si mesmo – você está se transformando.

Mas é importante lembrar que recolher-se por mais tempo é essencial, pois uma prática mais concentrada é mais profunda. Sugiro que a pessoa procure participar de retiros de silêncio, práticas de yoga, entre outras atividades que favorecem a interiorização dos sentidos e o silenciar da mente.

Meta da prática

Basicamente, a prática da meditação e o cultivo do silêncio têm como principal objetivo a interrupção do fluxo de pensamentos compulsivos. Buscamos nos tornar senhores da mente, não servos dela. Precisamos ter a mente a nosso serviço, não o contrário. E, quando podemos cessar a mente compulsiva, abrimos espaço para a manifestação do divino.

Meditação e yoga

A meditação é um dos principais elementos do yoga. Segundo os Yogas Sutras de Patanjali, a meditação é a antessala do *samadhi*, que é a meta maior do yoga. Essa é uma abordagem tradicional que também utilizamos no trabalho que estamos chamando de Awaken Love Yoga, um método que integra os princípios do yoga clássico ao autoconhecimento, trazendo novos elementos da neurociência, entre outros estudos científicos. Além disso, adaptamos a linguagem tradicional para uma linguagem atualizada, baseada no dinamismo da vida moderna, que pode ser compreendida e praticada por todos, de forma que o yoga se transforme num estilo de vida e não seja apenas uma prática hermética, realizada por poucos.

Tenho falado a respeito da necessidade de vivermos uma espiritualidade prática, ou seja, uma espiritualidade que possa ser aplicada no dia a dia, em qualquer situação de vida. Me refiro a uma espiritualidade que ocorre fora dos monastérios, dos templos e das igrejas, e se expande para as casas, escolas, empresas, atuando em todos os tipos de relacionamentos. Honestidade, autorresponsabilidade e gentileza (que também pode ser traduzida como não violência) são os principais valores dessa prática. A meditação deve fazer parte do dia a dia e a vida deve se transformar numa prática de yoga.

Felicidade e unidade

A felicidade é uma fragrância do Amor; ela é uma condição do Ser, o Eterno que nos habita. Dentro do universo do yoga, a felicidade tem o nome de *Ananda* ou bem-aventurança. Trata-se de uma felicidade que independe de qualquer elemento externo. *Ananda* é o que, em essência, somos. Trata-se da condição natural do Ser, porém, essa condição foi esquecida – nos esquecemos de quem somos. E, para nos lembrarmos de quem somos, precisamos antes conhecer aquilo que não somos.

Meditação e amor

Algumas pessoas preferem meditar no vazio, outras preferem cantar mantras e focar sua energia numa forma divina. Normalmente as pessoas que preferem meditar no vazio são mais mentais e as pessoas que preferem se conectar com uma forma divina são mais devocionais. O caminho da meditação e o caminho da devoção, a princípio, são diferentes, mas chega um momento da jornada em que esses dois caminhos aparentemente opostos necessariamente se encontram. Na medida em que a pessoa vai se tornando mais meditativa e silenciosa, naturalmente ela começa a espargir essa fragrância do amor que é a devoção. Por mais científica que seja a mente, em algum momento ela acaba encontrando o coração. Em algum momento coração e mente se unem e ocorre um transbordamento de amor. A compaixão é fruto desse transbordamento amoroso. Ela é uma fragrância do Ser que surge a partir do desenvolvimento de virtudes como humildade, perdão, empatia e gratidão.

Empatia e gratidão

A empatia abre o caminho para a compaixão. Muitos buscadores desenvolvem qualidades como concentração, discernimento, equanimidade mental, mas não conseguem sentir compaixão. E isso indica que existe ainda uma barreira para a manifestação do amor. Um exercício que pode ser útil para aqueles que têm essa dificuldade é colocar-se no lugar do outro sempre que estiver incomodado com alguém, julgando e comparando. Sempre que uma pessoa estiver passando por uma situação desagradável, em vez de julgá-la, procure colocar-se na pele dela para poder sentir o seu coração. Além disso, pergunte a si mesmo: Por que me incomodo ou por que sou indiferente com essa pessoa? O que ela tem que faz parte de mim mesmo?

A gratidão é outra dimensão do amor divino. Ela é fruto do perdão e da compreensão. À medida que a pessoa vai se conhecendo e se tornando mais silenciosa, vai ampliando sua percepção a respeito do jogo da vida. Então ela começa a compreender a razão pela qual as coisas acontecem do jeito que acontecem. Ela começa a ver a perfeição que está por trás da imperfeição e isso a leva ao agradecimento. A gratidão, assim como todas as virtudes da alma, é um florescimento. Ela não pode ser forçada, mas pode ser cultivada. Àqueles que desejam cultivar essa virtude, eu sugiro que façam outro exercício: todos os dias, antes de dormir, procurem se lembrar de três a cinco razões que têm para agradecer. Normalmente o resultado é a percepção de que se tem muita coisa para agradecer mesmo.

Para professores de meditação

Ao profissional que está se formando com a intenção de ensinar mindfulness e meditação, sugiro que se dedique a um trabalho profundo de autoconhecimento, porque somente a prática de mindfulness não é suficiente. Mindfulness proporciona a ampliação da atenção, da concentração, entre muitos outros benefícios, mas a prática de mindfulness, quando dissociada do autoconhecimento e do desenvolvimento de valores humanos, pode acabar servindo aos caprichos do eu inferior. Por exemplo, um bandido pode praticar mindfulness para realizar seu crime com muito mais eficiência. Por isso se faz necessário o desenvolvimento de uma base ética para mindfulness, e essa base é construída através do autoconhecimento.

Notas

Mindfulness e meditação

[1] Kabat-Zinn, J. Mindfulness for beginners: reclaiming the present moment – and your life, Sounds True, 2012.

[2] Killingsworth, M. M. A. e Gilbert, D. T. "A Wandering Mind Is an Unhappy", *Science Magazine*, 2010.

[3] Goleman, D. *Foco: a atenção e seu papel fundamental para o sucesso*, Rio de Janeiro: Objetiva, 2014.

[4] Tang, Y., Hölzel; B. K., Posner; M. I. "The neuroscience of Mindfulness meditation", *Nat. Rev. Neuroscience*, 2015.

[5] James, W. *Psychology, briefer course*, Harvard University Press, 1984.

[6] Shapiro, S. L.; Carlson, L. E.; Astin, J. A.; Freedman, B. "Mechanisms of Mindfulness", *J. of Psychology*, 2006.

[7] https://news.harvard.edu/gazette/story/2017/04/over-nearly-80-years-harvard-study-has-been-showing-how-to-live-a-healthy-and-happy-life/

[8] Carr, P.; Lu, Y. "Information Technology and Knowledge Worker Productivity: A Taxonomy of Technology Crowding", in AMCIS, 2007.

[9] Rayasam, R. "You probably suffer from scattered brain syndrome", in BBC, 2016.

[10] Goleman, D.; Davidson, R. J. *A Ciência da Meditação: Como transformar o cérebro, a mente e o corpo*, Rio de Janeiro: Objetiva, 2017.

[11] Ophir, E.; Nass, C.; Wagner, A. D. "Cognitive control in media multitaskers", Universidade Stanford, 2009.

[12] Harris, D.; Warren, J.; Adler, C. Meditation for Fidgety Skeptics: A 10% Happier How-to Book, Spiegel & Grau, 2017.

[13] Shonin, E.; Kabat-Zinn, J. This is not McMindfulness, 2016.

Como a mente e o cérebro funcionam?

[14] Maslow, A. H. Motivation and Personality, 1954.

[15] https://news.harvard.edu/gazette/story/2017/04/over-nearly-80-years--harvard-study-has-been-showing-how-to-live-a-healthy-and-happy-life/

[16] Siegel, D. M., Random House Publishing Group, 2010.

[17] Goleman, D. *O cérebro e a inteligência emocional: novas perspectivas*, Rio de Janeiro: Objetiva, 2012.

[18] Siegel, D. M. Random House Publishing Group, 2010.

[19] Marcel Adam Just, M. A. et al. "Machine learning of neural representations of suicide and emotion concepts identifies suicidal youth". *Nature Human Behaviour*, 2017.

[20] Kim, M. J.; Whalen, P. J. "The Structural Integrity of an Amygdala–Prefrontal Pathway Predicts Trait Anxiety", *Journal of Neuroscience*, 2009.

[21] Ressler, K. J. "Amygdala Activity, Fear, and Anxiety: Modulation by Stress", *Biol. Psychiatry*, 2010.

[22] Holzel, B. K.; Carmody, J.; Evans, K. C.; Hoge, E. A.; Dusek, J. A.; Morgan L.; Pitman, R. K.; Lazar, S. W. Stress reduction correlates with structural changes in the amygdala, 2010.

[23] Pessoa, L. Emotion and Cognition and the Amygdala: From "what is it?" to"what's to be done?", *Neuropsychology*, 2010.

[24] Tang, Y.; Hölzel, B. K.; Posner, M. I. "The neuroscience of Mindfulness meditation", *Nat. Rev. Neuroscience*, 2015.

[25] Goleman, D. *Inteligência emocional*, Rio de Janeiro: Objetiva, 1995.

[26] Goleman, D. *Foco: A atenção e seu papel fundamental para o sucesso*, Rio de Janeiro: Objetiva, 2014.

[27] Ekman, P. *A linguagem das emoções: Revolucione sua comunicação e seus relacionamentos reconhecendo todas as expressões das pessoas ao redor*, Lua de Papel, 2011.

[28] Tolle, E. *O poder do Agora – um guia para a iluminação espiritual*, Rio de Janeiro: Sextante, 2002, p. 119.

[29] McGonigal, K. The Willpower Instinct: How Self-Control Works, Why It Matters, and What You Can Do to Get More of It, 2013.

[30] Cebolla, A.; Demarzo, M.; Martins, P.; Soler, J.; Garcia-Campayo, "J. Unwanted effects: Is there a negative side of meditation? A multicentre survey", *PLoS ONE*, 2017.

Praticando mindfulness

[31] http://www.lung.org/local-content/california/our-initiatives/meet-our--doctors.html

[32] Dahl, C. J.; Lutz, A.; Davidson, R. J. "Reconstructing and deconstructing the self: Cognitivemechanisms in meditation practice", *Trends Cogn Sci*, 2015.

[33] Emoto, M. *As mensagens da água*, São Paulo: Isis, 2004.

[34] Baba, Sri Prem. *Acordando para a Paz: As bases para a construção de um mundo sem guerras*, São Paulo: Chama Azul, 2009.

[35] Goleman, D.; Davidson, R. J. *A Ciência da meditação: Como transformar o cérebro, a mente e o corpo*, Rio de Janeiro: Objetiva, 2017.

[36] Mrazek, M. D.; Franklin, M. S.; Phillips, D. T.; Baird, B.; Schooler, J. W. Mindfulness Training Improves Working Memory Capacity and GRE Performance While Reducing Mind Wandering, Universidade da Califórnia, Santa Barbara, 2013.

[37] Hanley, A. W.; Warner, A.; Dehili, V. M.; Garland, E. Washing Dishes to Wash the Dishes: Brief Instruction in an Informal Mindfulness Practice, Mindfulness, 2015.

[38] Redelmeier, D.; Shafir, E. The full moon and motorcycle related mortality: populationbased double control study, BMJ, 2017.

[39] http://www.telegraph.co.uk/motoring/news/6018081/One-in-three--road-accidents-happen-a-mile-from-home-survey-says.html

[40] Wheeler, B. W.; White, M.; Stahl-Timmins, W.; Depledge, M. Does living by the coast improve health and wellbeing?, Health & Place, 2012; Völker, S.; Kistemann, T. The impact of blue space on human health and well-being – Salutogenetic health effects of inland surface waters: A review, Int. J. of Hygiene and Environmental Health, 2011.

Mindfulness e autoconhecimento

[41] Hanley, A. W.; Garland, E. L. Clarity of mind: Structura lequation modeling of associations between dispositional Mindfulness, self-concept clarity and psychological well-being, Elsiever, 2016.

[42] Cikara, M.; Fiske, S. T. "Their pain, our pleasure: stereotype content and schadenfreude", Annals of the New York Academy of Sciences, 2013.

[43] Wilson, T. D., et al. "Just think: The challenges of the disengaged mind", *Science*, 2014.

[44] https://terapeutasquanticos.com/2016/03/04/ciencia-explica-porque--reclamar-altera-negativamente-o-cerebro/

[45] Byrne, H. G. The Here-and-Now Habit: How Mindfulness Can Help You Break Unhealthy Habits Once and for All, 2016.

[46] Olsen, C. M. "Natural Rewards, Neuroplasticity, and Non-Drug Addictions", *Neuropharmacology*, 2011.

[47] https://www.salk.edu/news-release/hard-choices-ask-brains-dopamine/

[48] Brewer, J. *The Craving Mind: From Cigarettes to Smartphones to Love – Why We Get Hooked and How We Can Break Bad Habits*, Yale University Press, 2017.

[49] https://www.webroot.com; https://fightthenewdrug.org;www.covenanteyes.com

[50] https://fightthenewdrug.org/10-porn-stats-that-will-blow-your-mind/; https://www.yourbrainonporn.com/doing-what-you-evolved-to-do; http://vicioempornografiacomoparar.com/

[51] Silva, S. L. F. G. *Neuropsicofisiologia do desejo sexual: Alguns aspectos da regulação funcional da motivação sexual*, UFMG, 2011.

[52] Killingsworth, M. M. A., Gilbert, D. T. A Wandering Mind Is an Unhappy, *Science Magazine*, 2010.

[53] http://www.rickhanson.net/let-it-r-a-i-n/

[54] Baba, Sri Prem. *Transformando o sofrimento em alegria*, Rio de Janeiro: Sextante, 2017.

Mindfulness na empresa

[55] Achor, S.; Gielan, M. *The Busier You Are, the More You Need Mindfulness*, Harvard Business Review, 2015.

[56] George, B. Mindful Leadership: "Compassion, contemplation and meditation develop effective leaders", *The European Financial Review*, 2010.

[57] Reb, J.; Narayanan, J.; Chaturvedi, S. Leading Mindfully: Two Studies on the Influence of Supervisor Trait Mindfulness on Employee Well-Being and Performance, Mindfulness, 2012.

[58] Swart, T. How Neuroscience is Building Better Leaders, 2014.

[59] Goleman, D.; Lippincott, M. "Without Emotional Intelligence, Mindfulness Doesn't Work", *Harvard Bussiness Review*, 2017.

[60] Goleman, D. *O cérebro e a inteligência emocional: novas perspectivas*, Rio de Janeiro: Objetiva, 2012.

[61] Fabritius, F.; Hagemann, H. W. The Leading Brain: Powerful Science--Based Strategies for Achieving Peak Performance, TarcherPerigee, 2017.

[62] Gordon, W. V.; Shonin, E.; Dunn, T. J.; Garcia-Campayos, J.; Demarzo, M. M. P.; Griffiths, M. D. "Meditation awareness training for the treatment of workaholism: A controlled trial". *Journal of Behavioral Addictions*, 2017.

[63] Hafenbrack, A. C.; Kinias, Z.; Barsade S. G. "Debiasing the Mind Through Meditation: Mindfulness and the Sunk-Cost Bias", *Psychological Science*, 2014.

[64] Scharmer, C. O.; Kaeufer, K. Leading from the Emerging Future: From Ego-System to Eco-System Economies, 2013.

[65] Leroy, H.; Anseel, F.; Dimitrova, N. G.; Sels, L. Mindfulness, authentic functioning, and work engagement: A growth modeling approach, Journal of Vocational Behavior, 2013.

[66] Catmull, E.; Wallace, A. *Criatividade S.A.: Superando as forças invisíveis que ficam no caminho da verdadeira inspiração*, Rio de Janeiro: Rocco, 2014.

[67] Moore A.; Malinowski P. "Meditation, Mindfulness and cognitive flexibility", *Conscious Cogn*, 2009.

[68] Ostafin, B. D., Kassman, K. T. "Stepping out of history: Mindfulness improves insight problem solving", *Conscious Cogn*, 2012.

[69] Colzato, L. S.; Ozturk, A.; Hommel, B. "Meditate to create: the impact of focused-attention and open-monitoring training on convergent and divergent thinking", *Frontiers in Psychology*, 2012.

[70] Rosenberg, M. B. *Comunicação Não-Violenta: Técnicas para aprimorar relacionamentos pessoais e profissionais*, São Paulo: Ágora, 2006.

[71] Hougaard, R.; Carter, J.; Coutts, G. "One Second Ahead: Enhance your performance at work with Mindfulness", *Palgrave Macmillan*, 2016.

[72] http://www.careerbuilder.com/share/aboutus/pressreleasesdetail.aspx?sd=6/12/2014&id=pr827&ed=12/31/2014

[73] http://www.radicati.com/wp/wp-content/uploads/2015/02/Email-Statistics-Report-2015-2019-Executive-Summary.pdf

[74] Csikszentmihalyi, M. Flow: The Psychology of Optimal Experience, Kindle, 2008.

[75] Brewer, J. *The Craving Mind: From Cigarettes to Smartphones to Love – Why We Get Hooked and How We Can Break Bad Habits*, Yale University Press, 2017.

[76] Hülsheger, U. R.; Alberts, H. J.; Feinholdt, A.; Lang, J. W. "Benefits of Mindfulness at work: the role of Mindfulness in emotion regulation, emotional exhaustion, and job satisfaction", *J. Appl Psychol*, 2013.

[77] Morgan, R. M.; Hunt, S. D. "The Commitment-Trust Theory of Relationship Marketing", *Journal of Marketing*, 1994.

[78] Awaida, J. Negotiating Mindfully: A constructivist grounded theory approach proposing a conceptual framework linking Mindfulness to negotiation effectiveness, INSEAD, 2013.

[79] https://www.meditateandmediate.com/

[80] Ury, W. *Como chegar ao sim com você mesmo*, Rio de Janeiro: Sextante, 2015.

[81] Williams, R. "How meetings kill productivity", *Financial Post*, 2012.

[82] Suttie, J. Three Ways Mindfulness Can Make You Less Biased, GGSC, Universidade da Calfórnia, Berkeley, 2017.

[83] Ruedy, N. E.; Schweitzer, M. E. In the Moment: The Effect of Mindfulness on Ethical Decision Making, The Wharton Risk Management and Decision Center, 2010.

[84] Johns, K. N.; Allen, E. S.; Gordon, K. C. "The Relationship Between Mindfulness and Forgiveness of Infidelity", *Mindfulness Journal*, 2015.

[85] www.acordosdepaz.com.br

[86] Understanding and Responding to Societal Demands on Corporate Responsibility (RESPONSE), Sixth Framework Programme, 2006.

[87] Scharmer, C. O.; Kaeufer, K. Leading from the Emerging Future: From Ego-System to Eco-System Economies, 2013.

[88] Tanure, B.; Neto, A. C.; Andrade, J. *Executivos: Sucesso e (in)felicidade*, Rio de Janeiro: Elsevier, 2007.

[89] Salzberg, S. Real happiness at work: Meditations for accomplishment, achievement, and peace, Workman, 2014.

[90] Makee, A. *How to Be Happy at Work: The Power of Purpose, Hope, and Friendship*, Harvard Business Review Press, 2017.

[91] Seligman, M. E. P. Flourish: A Visionary New Understanding of Happiness and Well-being, 2012.

[92] Konrath, S.; Fuhrel-Forbis, A.; Lou, A.; Brown, S. "Motives for Volunteering Are Associated with Mortality Risk in Older Adults", *Health Psychology*, 2012.

[93] www.bibliaspa.org

[94] Silverstein, R. G.; Brown, A. H.; Roth, H. D.; Britton, B. W. "Effects of Mindfulness Training on Body Awareness to Sexual Stimuli: Implications for Female Sexual Dysfunction", *Psychosom Med.*, 2011.

[95] Baba, Sri Prem. *Amar e ser livre: As bases para uma nova sociedade*, Demócrito Dummar/Agir, 2015.

[96] www.homaandmukto.com

[97] Baba, Sri Prem. *Propósito*, Rio de Janeiro: Sextante, 2016.

[98] Jacobs, T. L., et al. "Intensive meditation training, immune cell telomerase activity, and psychological mediators", *Psychoneuroendocrinology*, 2011.

[99] Frankl, V. E. *O homem em busca de um sentido*, Lua de Papel, 2012.

[100] http://www.dharmaacademy.global/

[101] Ware, B. *Antes de partir: Os 5 principais arrependimentos que as pessoas têm antes de morrer*, São Paulo: Geração, 2012.

[102] Christie, A. M.; Atkins, P. W. B.; Donald, J. The Meaning and Doing of Mindfulness: The Role of Values in the Link Between Mindfulness and Well-Being, 2016.

[103] Kotler, S.; Wheal, J. *Roubando o fogo: a ciência por trás dos super-humanos*, HSM, 2017.

[104] Goleman, D.; Davidson, R. J. *A Ciência da Meditação: Como transformar o cérebro, a mente e o corpo*, Rio de Janeiro: Objetiva, 2017.

Agradecimentos

Mindfulness e meditação também ensinam a gratidão e, como diz a música de um amigo, entre outras coisas, é preciso agradecer "pelo ar que me permite respirar". Não foi pouca a ajuda que recebi, vinda de várias formas, e é imensa a gratidão que sinto por muitas pessoas que contribuíram para a realização deste livro.

Assim, envio o meu amor e o meu muito obrigado ao Carlão, pela boa vontade e a paciência ao me ouvir, gravar, transcrever e ajustar para a linguagem escrita as minhas falas; aos vários amigos que responderam a um questionário específico sobre práticas e benefícios percebidos de mindfulness; aos meus alunos de mindfulness e da FGV, que me permitiram aprender ensinando; aos muitos pesquisadores, escritores e estudiosos de meditação e mindfulness, entre eles Jon Kabat-Zinn, Otto Scharmer, Daniel Goleman, Richard Davidson, suas equipes, a equipe do Greater Good Science Center e o Dalai Lama, por conteúdos, ideias e inspiração.

Agradeço também aos representantes de diversas religiões e linhagens espirituais por sua abertura e generosidade, especificamente à ialorixá Ronilda Iyakemi Ribeiro, a José Carlos De Lucca, a Govinda Dasa, ao cônego José Bizon, ao pastor Jair Alves, a Benedito Antônio Prezia, ao padrinho Alex Polari de Alverga, ao xeque Houssam Ahmad El Boustani, ao rabino Ruben Sternschein, ao sacerdote taoista Wagner Canalonga e à Monja Coen.

Meus agradecimentos aos amigos Homa, Bellato, Cynthia, Thiago, Nitya, Fabiana, Prem Ratna, El Shamah, Pedro, Durga e tantos outros, pela ajuda e contribuição, e ao Dr. Gerson Perondi, pela revisão técnica.

Agradeço ainda à Mariana Ferrão, à Danai e ao Tomás pela abertura e a confiança; à Regina Helena, à Virginie e à Hermínia, pela revisão e por todos os preciosos comentários, que me ajudaram muito.

Finalmente, à minha esposa Padma (que me deu amor, suporte, dicas e sugestões) e aos meus filhos, Pedro e Luana, pelo amor, a inspiração e o aprendizado; e a Sri Sachcha Prem Baba, por tudo e por todos.

Leia um trecho do livro *Propósito*
de Sri Prem Baba

Talvez o maior infortúnio do ser humano tenha sido, em algum momento da sua jornada, ter acreditado ser o centro da criação. Nossa inteligência nos proporcionou muitas conquistas. Conseguimos um certo domínio sobre a matéria e com isso passamos a agir como se a natureza existisse somente para nos servir. O ego, enquanto símbolo da individualidade, tomou conta da nossa experiência na Terra. Essa visão limitada nos conduziu ao esquecimento de quem somos e do que viemos fazer aqui. E hoje sofremos de uma profunda doença chamada egoísmo, que nos leva a manifestar um grau insustentável de desrespeito à natureza e aos outros seres humanos, além de uma profunda ignorância em relação ao significado da vida.

No decorrer dos séculos, temos usado nossa inteligência para reafirmar essa visão autocentrada e para provar que somos superiores a tudo e a todos. O ego, que é apenas um veículo para a experiência da alma neste plano, tornou-se o imperador máximo, e o individualismo tomou proporções brutais. Perdemos a conexão com nossa identidade espiritual e com a própria razão de estarmos aqui. Deixamos de nos questionar sobre o sentido da vida, e isso aprofundou o esquecimento da nossa essência e dos valores intrínsecos a ela.

A teoria que considera o universo como o produto de um acidente cósmico (o Big Bang) sustenta a visão materialista de que não existe um propósito para a vida. Se somos produto de um acidente, estamos aqui por acaso. E se estamos aqui por acaso, não há um propósito para a nossa existência. Essa ideia, porém, decorre da nossa incapacidade de explicar, através dos métodos científicos, o que está por trás do mistério da criação. E isso é o que nos leva a negar o espírito e a acreditar que não existe nada além do corpo e da matéria. Mas esse materialismo é o que tem impedido a nossa evolução, não somente espiritual, mas também material! Porque, dessa maneira, estamos nos tornando cada vez mais cegos e ignorantes em relação ao nosso próprio poder.

A ideia de que somos apenas um corpo combinada à crença de que somos superiores a tudo é o que sustenta a indiferença diante da destruição do nosso planeta e o ceticismo em relação à espiritualidade. Desconsiderando até mesmo as descobertas não tão recentes da Física, continuamos cultivando uma visão estritamente materialista da vida. Enquanto indivíduos e sociedade, seguimos negando a existência de um espírito único que dá vida e interconecta todos os seres vivos e a natureza.

Tudo isso, porém, faz parte dos desafios da experiência humana na Terra, pois nós estamos aqui justamente para realizar a lembrança de quem somos e do que viemos fazer. O esquecimento, apesar de ser um instrumento de aprendizado nesse jogo da vida, quando levado ao extremo, se torna um grande obstáculo para a expansão da consciência. E, neste momento, a humanidade está tomada pelo esquecimento. A maioria não tem a mínima ideia do que veio fazer aqui e nem chega a se perguntar.

Estamos nos aproximando de um ponto crítico, no qual uma virada se faz necessária. É como se estivéssemos mais perto do final de um grande projeto e estivéssemos sendo pressionados a cumprir nossa missão. Alguns dizem que o prazo final já passou e que não tem mais jeito. Outros acreditam que ainda temos chances de realizar nossa meta. Eu acredito que, para sermos bem-sucedidos, precisaremos passar por grandes transformações. Em primeiro lugar, precisamos nos abrir para a verdade de que somos seres espirituais vivendo uma experiência material na Terra e que nós todos temos uma missão comum, porque, sem essa consciência, estamos fadados à extinção.

Quem sou eu? O que eu vim fazer aqui?

É parte da nossa missão chegar à resposta para essas perguntas. Estamos constantemente sendo levados a questionar e a encontrar soluções para questões como essas. O tempo todo somos convidados a perceber e compreender o Mistério. A natureza tem enviado mensagens bem claras de que chegou a hora de despertar do sonho do esquecimento e de acordar para a realidade. Tornou-se inaceitável que, com tanta informação disponível sobre a insustentabilidade do nosso estilo de vida, continuemos agindo sem a mínima consciência ecológica. Tornou-se inconcebível que ainda sejamos tão céticos e fechados para a percepção da realidade maior, que transcende a matéria, pois é esse fechamento que nos impede de ter acesso ao propósito da vida.

Eu, como um mestre espiritual, mas principalmente como um ser humano consciente, tenho a obrigação de dizer a verdade, por mais dolorosa que ela possa ser: nós, seres humanos, estamos caminhando para um grande fracasso. Até este ponto da nossa passagem aqui na Terra, não fomos capazes de encontrar essa tão desejada felicidade. E isso ocorre pelo fato de estarmos buscando no lugar errado – fora de nós. A felicidade não está no futuro, nos bens materiais ou na opinião que os outros têm sobre nós. Ela está aqui e agora, dentro de nós.

Precisamos ter coragem e humildade para abrir mão do orgulho e assumir nossos erros. Precisamos nos curar do egoísmo. E somente o autoconhecimento pode trazer essa cura. E foi justamente com o intento de oferecer instrumentos que possibilitam e facilitam o processo de autoconhecimento, mas principalmente com o intuito de dar movimento a uma energia capaz de impulsionar uma verdadeira transformação, que eu decidi escrever este livro.

Todos e cada um de nós viemos para este plano com uma missão, um propósito a ser realizado. E apesar de, na superfície, não sermos iguais e termos diferentes qualidades, estamos unidos por um propósito único que, em última instância, é a expansão da consciência. E a consciência se expande através do amor. Por isso costumo dizer que o nosso trabalho enquanto seres humanos é despertar o amor, em todos e em todos os lugares.